Niels Pfläging
Organisation für Komplexität

Niels Pfläging
Organisation für Komplexität
Wie Arbeit wieder lebendig wird – und Höchstleistung entsteht

Mit Illustrationen von Pia Steinmann

REDLINE | VERLAG

Bibliografische Information der Deutschen Nationalbibliothek
Die Deutsche Nationalbibliothek verzeichnet diese Publikation in der Deutschen Nationalbibliografie.
Detaillierte bibliografische Daten sind im Internet über http://dnb.d-nb.de abrufbar.

Für Fragen und Anregungen:
info@redline-verlag.de

Wichtiger Hinweis: Ausschließlich zum Zweck der besseren Lesbarkeit wurde auf eine genderspezifische Schreibweise sowie eine Mehrfachbezeichnung verzichtet. Alle personenbezogenen Bezeichnungen sind somit geschlechtsneutral zu verstehen.

6., durchgesehene und aktualisierte Auflage 2023

© 2014 by Redline Verlag, ein Imprint der Münchner Verlagsgruppe GmbH
Türkenstraße 89
80799 München
Tel.: 089 651285-0   Fax: 089 652096

Illustration und Covergestaltung: Pia Steinmann, www.pia-steinmann.de
Design und Satz: Pia Steinmann, Niels Pfläging
Druck: Couleurs Print & More GmbH, Köln
Printed in the EU

ISBN Print 978-3-86881-570-2
ISBN E-Book (PDF) 978-3-86414-681-7
ISBN E-Book (EPUB, Mobi) 978-3-86414-680-0

Wir produzieren nachhaltig
www.m-vg.de

Weitere Informationen zum Verlag finden Sie unter
www.redline-verlag.de
Beachten Sie auch unsere weiteren Verlage unter www.muenchner-verlagsgruppe.de

„Man kann ein System nur verstehen,
wenn man versucht, es zu verändern."

Kurt Lewin

Inhalt

Anleitung zur Benutzung dieses Buchs

Dieses Buch ist vielseitig lesbar.

Als Lehrbuch zum Denken über Organisation. Es enthält eine Sammlung leistungsfähiger Denkwerkzeuge für dynamikrobuste Organisation - allesamt illustriert und visuell aufbereitet. Die Konzepte bauen teilweise aufeinander auf: Das Lesen des Buchs von vorne nach hinten kann sich also lohnen!

Als Inspirationsbuch. Sie finden hier Ideen und Anregungen zur Veränderung Ihrer Organisation. Ihrer Führungsarbeit. Ihres Teams. Ihrer Kundenorganisationen.

Als Wörterbuch. Organisation in Komplexität braucht Sprache, neue Begriffe, präzise Unterscheidungen. Ohne passende Begriffe können wir die nötige Veränderung weder denken, noch sie hervorbringen. Dieses Buch steckt voller frischer und zugespitzter Begriffe. Ich habe sie manchmal im Text fett hervorgehoben.

Als Arbeitsbuch. Das Buch kann Ihnen individuell oder ganzen Gruppen als Begleiter in Veränderungs- oder Transformationsprozessen dienen. Konkrete Hinweise darauf finden Sie insbesondere in den Kapiteln 5 bis 7. Auf den meisten Seiten findet sich Platz für Ihre persönlichen Notizen.

Lernen Sie, am System zu arbeiten, statt im System und an Symptomen.

Überall die gleichen Fragen...

Dieses Buch beschäftigt sich mit grundlegenden Fragen, die sich Unternehmer, Führungskräfte, Change Agents und Berater stellen, aber auch arbeitende Menschen allgemein.

Das sind Fragen wie:

- Wie können wir als Unternehmen wachsen, ohne dass die Bürokratie die Oberhand gewinnt?
- Wie kann meine Organisation mit wachsender Komplexität umgehen?
- Wie kann meine Firma sich schneller an wechselnde Rahmenbedingungen anpassen?
- Wie können wir bestehende Grenzen von Leistung, Innovationsfähigkeit und Wachstum überwinden?
- Wie kann unsere Organisation eine höhere Identifikation der Mitarbeiter erlangen und insgesamt menschengerechter werden?
- Wie kann überhaupt grundlegender und erfolgreicher Wandel entstehen?

In diesem Buch geht es um die Entwicklung und Nutzung dynamikrobuster Organisationen als Antwort auf alle diese Fragen.

Die hier vorgestellten Konzepte können in jeder Organisation angewandt werden – unabhängig von Größe, Geschichte, Branche, Herkunftsland oder Unternehmenskultur.

Kapitel

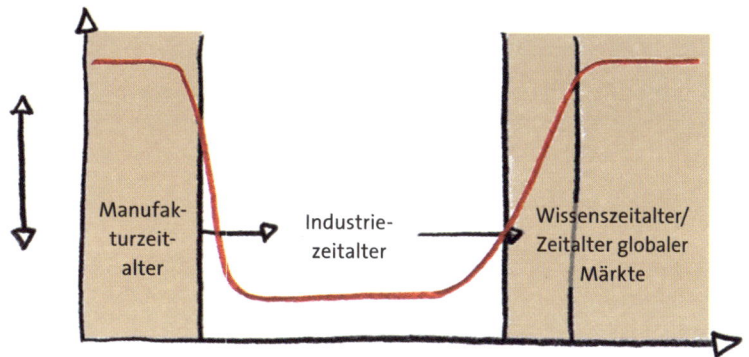

1 Zur Wirkung von Komplexität auf Arbeit und Organisation

Oder: Wie Komplexität Management den Garaus machte

Was die Sozialtechnologie Management ausmacht: Aufstieg und Fall einer genialen Idee

Im Jahr 1911 veröffentlichte Frederick Taylor sein epochemachendes Buch „The Principles of Scientific Management".

Er begründete damit Management als eine Organisationsmethodik, die dem Effizienzstreben des Industriezeitalters Flügel verleihen sollte. Taylor war ein Visionär: Er versprach in seinem Buch nicht weniger als eine „Revolution". Und tatsächlich: Die Anwendung seiner Prinzipien und Konzepte sollte einer Revolution gleichkommen.

Taylors geniale Idee war die der konsequenten Trennung des Denkens (den Managern vorbehalten) vom Handeln. Die Zunft der Manager wurde, Taylors Dogma folgend, zu "denkenden Führern nicht denkender (Mit-)Arbeiter". Dieses Prinzip wurde zur DNA der Sozialtechnologie Management. Darüber hinaus war Taylor ein Pionier der funktionalen Teilung in der Produktion. Seine Ideen zur hierarchischen und funktionalen Trennung setzten sich nach seinem Tod 1915 branchenübergreifend durch. Das tayloristische Grundprinzip wurde zum Standard.

Das Industriezeitalter brachte dramatisches Wachstum und steigenden Wohlstand. Auch wenn Taylors Konzepte bereits kurz nach deren Veröffentlichung vielerorts als unmenschlich, unwissenschaftlich und teilweise ineffektiv kritisiert wurden: Das, was wir heute Management nennen, unterscheidet sich nicht wesentlich von den Methoden Taylors. In dynamischen und komplexen Märkten wurde Führung per Weisung und Kontrolle jedoch eine Gefahr für Organisationen.

Wir nennen tayloristisches Management: Alpha.

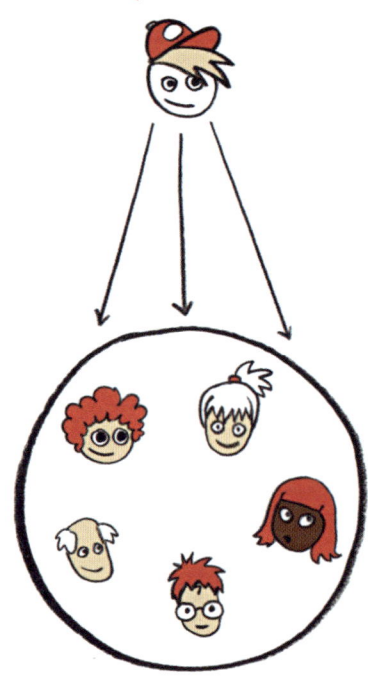

"Denker"/Manager:
denken strategisch, steuern, kontrollieren, entscheiden

"Handelnde"/Arbeiter:
führen aus, gehorchen, befolgen

Der Preis der Vereinfachung: Die drei system-immanenten „Lücken" von Management

1. Die soziale Lücke
Durch hierarchische Teilung und Top-Down Kontrolle werden soziale Prozesse negiert und ausgeblendet – sie werden ersetzt von Management by Numbers und Führung durch Angst.

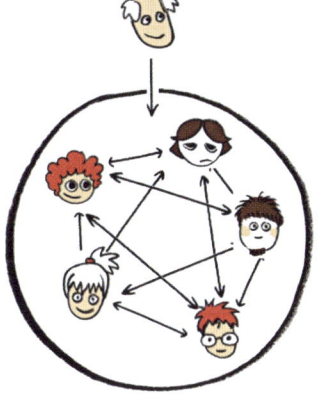

2. Die funktionale Lücke
Funktionale Trennung führt zu Zuständigkeiten und der Reduktion von Verantwortung auf Teilaufgaben. Hierarchische Koordination mittels Prozesskontrolle, Planung, Regeln und Standards dominiert.

3. Die zeitliche Lücke
Durch die Trennung zwischen Planung und Ausführung bedarf es fremdgesteuerter Rollen, Strategie, Zielen, Prognose und Planung.

9 Uhr: denken

15 Uhr: handeln

Alle drei Lücken erzeugen Verschwendung. Nichts davon erzeugt Wertschöpfung, nützt Kunden, Mitarbeitern oder Eigentümern. Ein hoher Preis für die Illusion von Beherrschbarkeit.

Die historische Entwicklung der Marktdynamik und der aktuelle Anstieg der Komplexität in Wertschöpfung

Wir nennen den hier dargestellten historischen Verlauf die Taylor-Wanne.

Das Industriezeitalter bescherte uns eine kurze Periode schnell wachsender, weiter Massenmärkte mit wenig intensivem Wettbewerb. Monopole und Oligopole dominierten. Märkte waren träge. Während dieser Periode entwickelte sich Alpha zum Standardmodell der Unternehmensführung: Zum ersten Mal in der Menschheitsgeschichte war es möglich, Komplexität mit der Hilfe von Maschinen und Standards weitgehend aus der Wertschöpfung zu verdrängen. **Für diese Aufgabe war Taylorismus, oder Management, die perfekte Lösung.**

Vorbei! Bereits in den 1970er Jahren kehrten hohe Dynamik und Komplexität in den meisten Organisationen in die Wertschöpfung zurück, verursacht durch die Entstehung globaler, stark Wettbewerbs-intensiver Märkte und die Wiederkehr individualisierter Kundennachfrage, die „Kustomisierung" notwendig machte und so „Massen-Kustomisierung" hervorbrachte.

Hoch-dynamische Wertschöpfung wiederum bedarf eines erhöhten Einsatzes menschlicher Fähigkeiten in Problemlösungs-Prozessen.
Alpha wurde so zu einem Hindernis. Taylorismus/Management wurde zu einem Irrtum.

* Die Begriffe Dynamik und Komplexität verwenden wir in diesem Buch – der Einfachheit halber – weitgehend synonym.

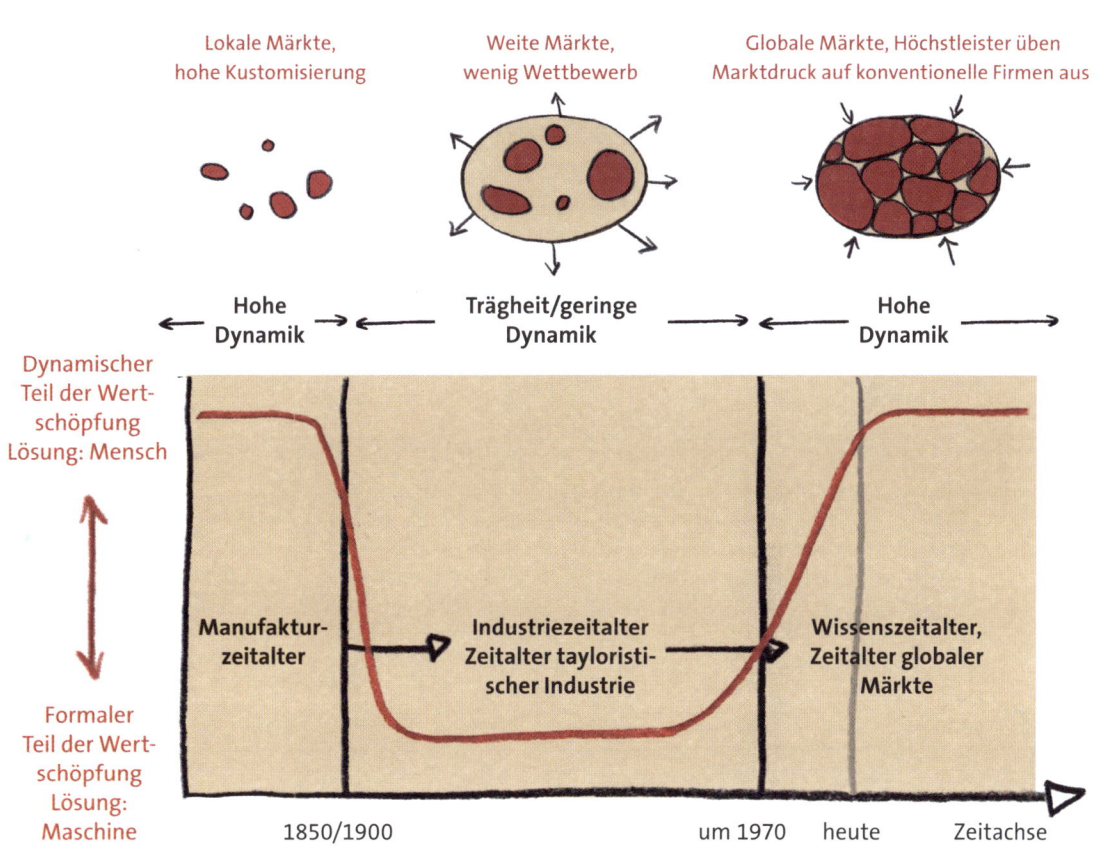

Lokale Märkte, hohe Kustomisierung

Weite Märkte, wenig Wettbewerb

Globale Märkte, Höchstleister üben Marktdruck auf konventionelle Firmen aus

← Hohe Dynamik → ← Trägheit/geringe Dynamik → ← Hohe Dynamik →

Dynamischer Teil der Wertschöpfung Lösung: Mensch

Formaler Teil der Wertschöpfung Lösung: Maschine

Manufakturzeitalter

Industriezeitalter Zeitalter tayloristischer Industrie

Wissenszeitalter, Zeitalter globaler Märkte

1850/1900

um 1970

heute

Zeitachse

Hohe Dynamik und Komplexität* sind weder gut oder schlecht. Sie sind ein historischer Fakt.

Der Unterschied zwischen kompliziert und komplex

Kompliziertes agiert vorhersagbar. Es gibt keine Überraschung, keine Unsicherheit und keine Subjektivität. Komplizierte Systeme können mithilfe von Ursache-Wirkungsketten beschrieben werden. Sie sind extern kontrollierbar.

Ein Hochpräzisionsgerät ist kompliziert: Es wird alles versucht, um die Präzision zu erhöhen. Eine Uhr wird z.B. so entwickelt, dass sie dauerhaft ohne Fehler funktioniert, sodass keine Täuschung des Nutzers entsteht (der von einer falschen Uhrzeit ausgehen könnte).

Komplexes erzeugt Überraschung. Es besteht aus lebenden Organismen – oder diese haben Anteil daran. Diese Systeme sind lebendig – deshalb können sie sich in jedem Moment verändern. Derartige Systeme sind von außen beobachtbar, aber nicht kontrollierbar.

Das Verhalten komplexer Systeme ist nicht vorhersagbar. Hier ist immanent, dass Fehler entstehen, dass Unsicherheit herrscht und dass sie ein deutlich höheres Niveau von Irrtum erzeugen als Kompliziertes.

Ein komplexes System kann aus einzelnen Teilen bestehen, die zwar für sich genommen standardisiert agieren. Die Interaktion zwischen den Teilen sorgt jedoch für permanente, diskontinuierliche Veränderung.

Komplexe Organisationen wie komplizierte Systeme zu behandeln, ist ein fundamentaler Denkfehler oder eine überzogene Vereinfachung.

Konsequenzen der Komplexität: Von der Relevanz, Problemlösung in Dynamik zu beherrschen

Das einzige „Ding" auf der Welt, das zum Umgang mit Komplexität fähig ist, ist der Mensch.

In Komplexität sind Tools, Standardisierung, Regeln, Strukturen oder Prozesse keine hinreichende Antwort, wenn es um Probleme und Problemlösung geht. Gerade die Methoden, die im Industriezeitalter nützlich waren, versagen:

In komplexem Umfeld geht es nicht um die Frage, wie ein Problem gelöst wird, sondern wer das tun kann. Deswegen werden erfahrene Menschen bedeutsam. Menschen mit Können und Ideen. **Wir nennen sie Könner.** Könner, die Schüler haben, nennen wir Meister.

Problemlösung in leblosen Systemen funktioniert über Anweisung. Problemlösung in lebendigen Systemen erfordert Kommunikation.

Komplexität kann weder gemanagt, noch reduziert werden. Man kann ihr nur mit menschlichem Können begegnen.

Das Verbesserungs-Paradox:
In Komplexität führt Arbeit an einzelnen
Teilen nicht zur Verbesserung des Ganzen

An separaten Teilen eines komplexen Systems zu arbeiten, verbessert nicht die Funktionen des Ganzen: In einem System geht es nicht nur um das Funktionieren der Teile, sondern um deren „Fit".

Was Systeme als Ganzes tatsächlich verbessert, das ist die Arbeit an der Interaktion zwischen den Teilen. Führung in diesem Sinne ist vor allem die Arbeit am System.

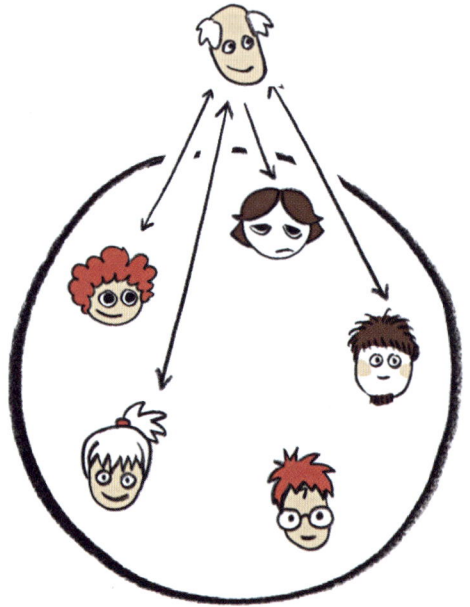

Mechanistisch-additives Denken und Handeln

Systemisches Denken und Handeln

Systeme werden nicht durch Herumbasteln an deren Einzelteilen besser, sondern durch Arbeit an den Interaktionen.

Problem-Symptome, Probleme, Schlamassel: Nicht alles, was wie ein Problem aussieht, ist auch eins

Das meiste, was wir im Sprachgebrauch von Arbeit und Organisationen als Probleme bezeichnen, sind gar keine. Es sind Symptome. Symptome sind sichtbare Wirkungen eines Problems. Fehler sind ein solches Symptom. Unpünktlichkeit. Oder Widerstand gegen Veränderung.

Ein einfaches Denkwerkzeug, um Probleme „zuzuspitzen" und so den unsichtbaren Wurzeln der Problem-Symptome auf die Schliche zu kommen, ist das „Fünfmal-Hintereinander-Warum-Fragen" - eine Technik, die durch Toyota bekannt gemacht wurde. Es verhindert, dass der Versuchung nachgegeben wird, bei Beobachtung eines Symptoms voreilig zur Suche nach Lösungen überzugehen.

Den Versuch, Lösungen für Symptome zu finden, also am Symptom herumzudoktern, bevor das Problem verstanden wurde, nennen wir Aktionismus.

Hinzu kommt: In Komplexität pflegen Probleme in der Wurzel zusammenzuhängen. Sie formen Schlamassel. Einzelne Probleme lassen sich daher in der Regel gar nicht isoliert voneinander lösen. So wie auf einem Teich unzählige Seerosenblätter schwimmen – die unten am Boden des Sees doch nur wenigen Pflanzen entspringen. Es gibt in Organisationen oft hunderte von Problem-Symptomen. Aber nur ein paar Handvoll Probleme. Und die gehen auf ein oder zwei Schlamassel zurück. Setzt man nun mit Lösungen an den Schlamasseln an, lösen sich viele Probleme auf. Tools sind zur Bearbeitung von Schlamasseln ungeeignet.

Aktionismus erzeugt Havarien und macht Lernen unmöglich.

Wenn aus schlau plötzlich dumm wird

In trägen Märkten entstand Erfolg durch Anwendung von Alpha-Methoden und -Verhaltensrepertoire. Darum kennen und beherrschen Menschen in vielen Organisationen nur dieses eine Repertoire. Das ist so, wie in England aufgewachsen und an Linksverkehr gewöhnt zu sein.

Wir neigen dazu, erlebten Erfolg dem eigenen Verhaltensrepertoire zuzuschreiben: „Ich hatte Erfolg, weil ich mich soundso verhalten habe." **Dabei hatten wir Erfolg, weil das Verhalten zum Kontext passte.**

Heute, in hoher Dynamik, bedarf Erfolg eines anderen Repertoires, einem, das dem Kontext angemessen ist, das aber kaum irgendwo geübt und erlernt wurde. Dieses Repertoire wird vielleicht sogar belächelt. Dann heißt es: „Soft Skills sind für Leute, die sonst nichts können", oder: „Das ist zwar nice to have, aber nicht Performance-relevant". Misserfolge schreiben wir verändertem Kontext zu, nicht aber unserem Verhalten. So neigen Organisationen heute dazu, reflexhaft falsch mit Problemen umzugehen.

Das ist wie frisch in England angekommen Auto zu fahren.

Wir müssen die Reflexe neu trainieren.

Kapitel

Menschen in Arbeit – die geheimnisvolle Zutat

Menschliches Potenzial erkennen, freisetzen, nutzbar machen

Der arbeitende Mensch:
McGregors aufschlussreiche Unterscheidung

Welche dieser beiden „Theorien" beschreibt mich – welche die anderen?

Theorie X		**Theorie Y**
Menschen mögen Arbeit nicht, finden sie langweilig und werden sie nach Möglichkeit vermeiden.	**Verhalten**	Menschen müssen zwar arbeiten, wollen sich aber auch für die Arbeit interessieren. Unter den richtigen Bedingungen macht Arbeit Spaß.
Menschen müssen angereizt werden, damit sie sich einsetzen und engagieren.	**Führung**	Menschen sind in der Lage, sich selbst zu führen in Richtung auf ein Ziel, das sie akzeptieren.
Menschen werden am liebsten angeleitet und vermeiden die Übernahme von Verantwortung.	**Verantwortung**	Unter den richtigen Umständen suchen und übernehmen Menschen Verantwortung.
Menschen sind hauptsächlich durch Geld und die Angst vor dem Jobverlust getrieben.	**Motivation**	Unter den richtigen Bedingungen sind Menschen durch den Wunsch motiviert, eigenes Potenzial zu entfalten.
Nur wenige Menschen sind zu Kreativität fähig, außer wenn es darum geht, Management-Regeln zu überlisten.	**Kreativität**	Kreativität und Einfallsreichtum sind weit verbreitet, werden aber nur selten genutzt und ausgeschöpft.

In Anlehnung an Douglas McGregor, The Human Side of the Enterprise, 1960

24

Human nature at work:
Wir haben ein Beobachtungsproblem

Wenn Sie jemanden fragen, welche der zwei Theorien die eigene Natur, die eigene Essenz, besser beschreibt, sagt jeder: „Ich bin ein Theorie-Y-Typ!" Wird die gleiche Person gebeten, andere Menschen einzuschätzen, ist die Antwort meist nicht so klar. Haben wir nicht alle schon so manchen Theorie-X-Menschen bei der Arbeit erlebt?

Douglas McGregor unterschied in seinem Buch „The Human Side of the Enterprise" von 1960 zwischen

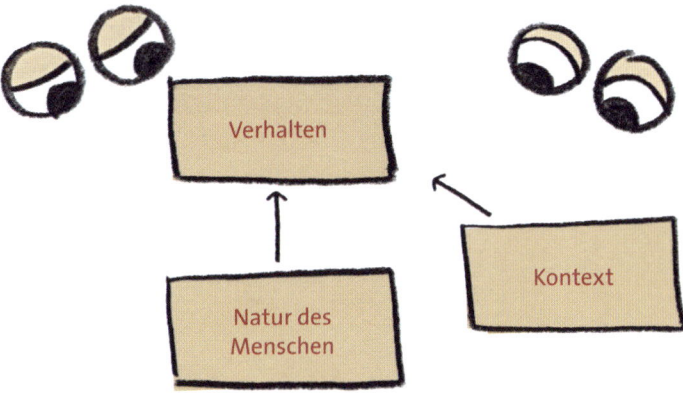

den beiden Theorien über die Natur des Menschen und erläuterte, warum es, dem Stand der Wissenschaft entsprechend, nur eine „richtige" gibt und geben kann: Theorie X ist nicht mehr als ein Vorurteil, das wir uns über andere Menschen gebildet haben. Die Existenz des X-Menschen ist durch keine Wissenschaft der Welt, keine anekdotische oder empirische Evidenz tatsächlich nachweisbar.

Es gibt zwei Gründe dafür, dass die Annahme der Theorie X so weit verbreitet ist. Erstens spiegeln sich darin Annahmen aus vordemokratischer und voraufgeklärter Zeit wider. Zweitens beobachten wir ständig das Verhalten anderer Menschen – und schließen daraus auf ihre Natur. Dabei wird der Einfluss des Umfelds, des Kontexts, der erheblichen Einfluss auf Verhalten hat, nicht selten ausgeblendet. Wir bilden uns ein Vorurteil. Das Ergebnis nennen wir naiven Zynismus.
Entscheidend ist dabei: Unsere Annahmen über Menschen beeinflussen eigenes Verhalten und damit, wie wir Organisationen entwickeln, gestalten, führen: Glaubt man an die Existenz von Theorie X-Menschen, dann sind Anweisungs- und Kontrollsysteme die logische Folge. Für die Schaffung dynamik-robuster Organisation ist eine differenziertere, aufgeklärte Vorstellung der Natur des Menschen nötig.

Man kann nicht wirksam an Organisation, Führung oder Veränderung arbeiten, wenn man nicht zuerst vereinbart, auf Grundlage welchen Menschenbilds man agieren wird.

Wie Motivation funktioniert – und warum Führungskräfte nicht motivieren können

Menschen werden von Motiven getrieben: Jeder Mensch ist Träger einer Vielzahl von Motiven und damit „intrinsisch motiviert". Das Ausmaß der jeweiligen Motive, also deren Dominanz, variiert von Mensch zu Mensch sehr stark.

Dass Motive von innen heraus wirken, hat Konsequenzen für Organisationen bzw. Arbeitgeber: sie können nicht motivieren – weil jeder Mensch bereits motiviert ist. Organisationen können nur das Umfeld beeinflussen. Also Möglichkeiten dafür schaffen, dass Verbindungen zwischen einzelnen Menschen und ihren Organisationen entstehen können – durch bedeutungsvolle Arbeit.
Wir nennen die letztlich immer freiwillig entstehende Verbindung zwischen individuellen Motiven und Arbeit bzw. organisationalem Zweck Sinnkopplung.

Der Glaube, dass Führungskräfte motivieren können oder müssen, ist immer noch weit verbreitet. Das beruht auf einem folgenschweren Denkfehler: Motivation kann -ihrer intrinsischen Natur wegen lediglich zugelassen werden. Führung kann nur die Bedingungen schaffen dafür, dass Motivation vorbeischaut.

Das einzige, was Führung aktiv erzeugen kann, ist Demotivierung.

Die meisten üblichen Tools und Organisations-Praktiken: unwirksam bis schädlich

Management-Übervater Peter Drucker schrieb einst, 90% der Praktiken, die wir Management nennen, würden weiter nichts bewirken, als Menschen von ihrer Arbeit abzuhalten.

Damit lag er richtig. Auch wenn man über den genauen Prozentsatz sicher streiten kann. Bleibt die Frage: Welches sind diese 90%?

McGregors Unterscheidung erweist sich für die Beantwortung dieser Frage als hilfreich: Demnach müssen nämlich alle Praktiken, die auf Theorie-X-Menschen zugeschnitten sind, wirkungslos oder gar schädlich sein. Auf der Nebenseite finden sich einige Beispiele.

Instrumente und Praktiken können auf ihre Wirksamkeit überprüft werden, indem man fragt, auf welchem Menschenbild sie beruhen: Theorie X oder Theorie Y?

„X-Tools"

Organigramme

Mitarbeiterbeurteilungen

„Meritokratie"

Urlaubsregelungen

Misstrauensarbeitszeiten

Überstunden

Boni, Anreize, Incentives

Anwesenheitskontrollen

Individualziele

Stellenbeschreibungen

Zielverhandlung/MbO

OKRs

Fachkarriere

Umlagen/Allokationen

Absatzquotas

Kompetenzprofile

Wissensmanagement

Mitarbeitergespräche

Development Center

Mitarbeiterbefragungen

Gehaltsbänder

Vorschlagswesen

Personalentwicklung

Assessment Center

Trainings(-budgets)

Personalkosten

Pay-for-Performance

Nachfolgeplanung

Matrixstrukturen

Reisekostenrichtlinien

Bereichsleitersitzungen

Budgetierung/Budgets

Chefparkplätze & Co.

Abweichungsanalysen

Mitzeichnungsrechte

Weiterbildungskataloge

Strategische Planung

Jours Fixes

Plan-Ist-Reporting

Kostenmanagement

Ergebnisforcastings

Chef-Entscheidungen

Change Management

...

Wie Verhalten entsteht:
Menschen und ihre Präferenzen

Verhalten von Menschen wird stark von deren jeweiligen Präferenzen beeinflusst.
Die sogenannte „Präferenz-Theorie" ist Ergebnis der Arbeit „Psychological Types" des
Schweizers Carl G. Jung.

Introversion — Einstellungen — Extraversion

Denken — Entscheidungsfunktionen — Fühlen

Sensorisch — Wahrnehmungsfunktionen — Intuitiv

Einstellungen
Jung unterschied Menschen
zunächst in Bezug auf die Art und
Weise, wie sie ihre Innen- und Au-
ßenwelt erfahren und interagieren.
Introversion ist eine nach innen,
Extraversion eine nach außen ge-
richtete Haltung.

Entscheidungsfunktionen
Diese Funktionen setzen wir ein,
um Entscheidungen zu treffen und
Bewertungen vorzunehmen. Kopf-
Menschen bevorzugen die Funktion
„Denken". Bauch-Menschen die
Funktion „Fühlen".

Wahrnehmungsfunktionen
Bei der Verarbeitung von Sin-
neseindrücken beziehen sich
eher sensorisch wahrnehmende
Menschen auf konkrete/detaillierte
Informationen, intuitive Menschen
achten eher auf den Gesamtzusam-
menhang.

Unterschiedliche Präferenzen nutzbar machen, um Komplexität zu begegnen

Die Variationsbreite an verschiedenen Verhaltensausprägungen innerhalb dieser drei Kategorien ist sehr hoch. Die meisten Menschen weisen keine extremen Präferenzausprägungen auf, sondern bewegen sich auf einer kontinuierlichen Skala zwischen den Extremen (wie z.B. Intro- und Extraversion). Deshalb kann es oft schwierig sein, Verhaltensmuster anderer Menschen richtig einzuordnen.

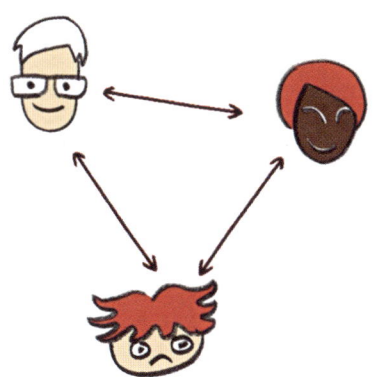

Jeder Mensch kann beide Ausprägungen der jeweiligen Einstellung bzw. Funktion nutzen, obwohl wir meist eine Ausprägung bevorzugen. Arbeiten Menschen mit verschiedenen Präferenzausprägungen zusammen, können sie sich ausgezeichnet ergänzen.

In komplexem Umfeld kann Vielfalt an Motiven und Präferenzen bei reflektierter Nutzung ein echter Mehrwert sein – andernfalls kann Unterschiedlichkeit auch zum Problem werden.

Komplexität menschlicher Individualität: ein Überblick

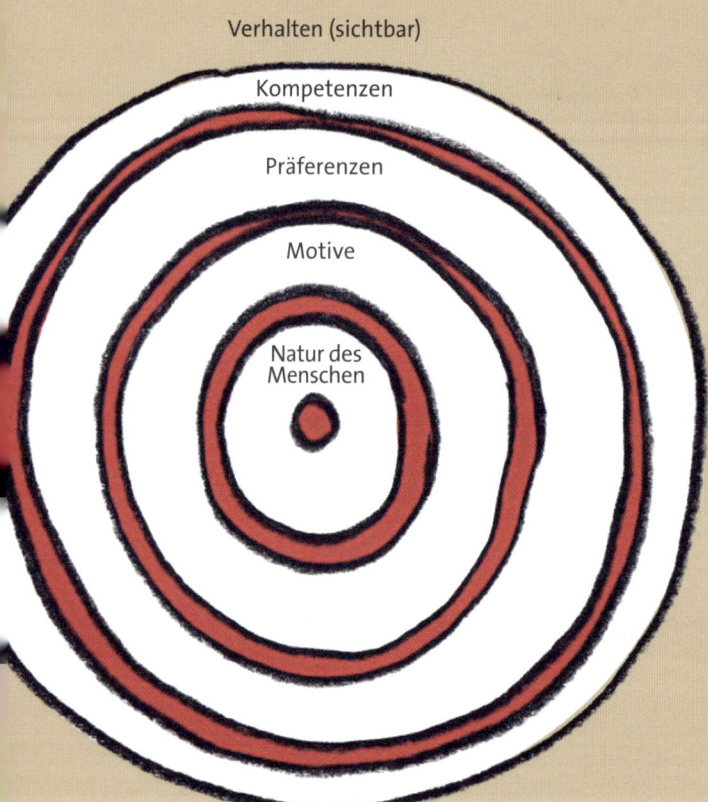

Verhalten (sichtbar)

Kompetenzen

Präferenzen

Motive

Natur des Menschen

Menschliches Verhalten wird von Motiven, Verhaltenspräferenzen und Kompetenzen geprägt. Motive sind Persönlichkeitseigenschaften und zeitlich stabil – sie beschreiben die Bedeutung bestimmter Ziele für den Einzelnen. Präferenzen können sich im Gegensatz dazu in Abhängigkeit zur Umwelt, den Anforderungen und persönlichen Zielen, über die Zeit partiell verschieben.

Individuelle Motive und Präferenzen beeinflussen unser Streben danach, besondere Kompetenzen zu erlangen: Diese können vorhanden sein oder erlernt werden. Kompetenzen sind damit direkt mit dem Lernen verbunden.

Nur das Verhalten ist unmittelbar beobachtbar; Verhaltenspräferenzen und Kompetenzen lassen sich mit Methoden ungefähr bestimmen. Verlässliches Identifizieren von Motiven dagegen ist höchst diffizil. Und die menschliche Natur lässt sich überhaupt nicht beobachten: Sie ist eine Frage der Überzeugung bzw. Teil unserer sozialen Theorien.

Verhaltensbeobachtung verleitet uns dazu, auf Kompetenzen, Motive oder sogar auf die Natur der Menschen zu schließen. Zum intelligenten Umgang mit Komplexität ist hingegen hohe Reflexionsfähigkeit über Menschen erforderlich!

Individuelle Kompetenz versus kollektive Kompetenz

„Wir haben gelernt, dass die fachliche Expertise Einzelner nicht kennzeichnendes Merkmal von Höchstleistung ist. Höchstleister zeichnen sich durch große und diversifizierte soziale Netzwerke aus."

„Ingenieure holen sich Informationen, die sie brauchen, fünfmal lieber von einem Menschen, als aus einer nicht-menschlichen Quelle wie z.B. einer Datenbank."

Cross, Rob et. al.: The Hidden Power of Social Networks. Boston: Harvard Business School Press, 2004

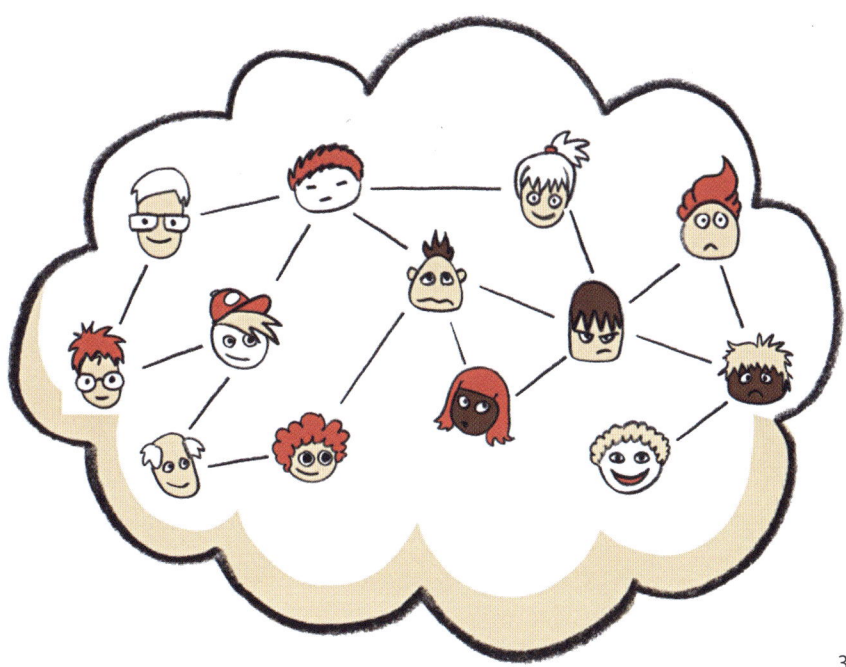

Viele Organisationen sind vom Dogma individueller Leistung durchdrungen. Dabei ist Einzelleistung ein Mythos

Einzelleistung ist nicht nur überbewertet. In Organisationen gibt es sie schlicht nicht.

Warum? Weil Wertschöpfung oder Ergebnisse nie von der Handlung einer einzelnen Person abhängen, sondern von der Interaktion zwischen verschiedenen Personen oder in Teams. Ein Vertriebsmitarbeiter übernimmt einen bestimmten Teil der Kundenbeziehung, den Rest erledigen das Back Office, die Produktion, der Einkauf, der Buchhalter und der Personaler.

Das bedeutet auch: Individuelle Fähigkeiten sind wenig bedeutsam. Angewandte kollektive Fähigkeiten dagegen sehr.

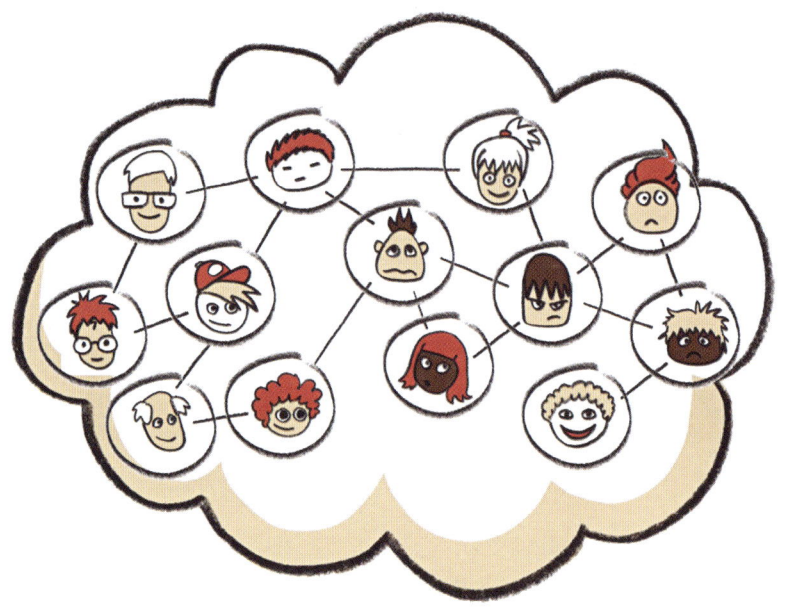

Wegen der Wechselbeziehungen zwischen Akteuren führt die Festlegung individueller Ziele oder Messung vermeintlicher Leistung einzelner Mitarbeiter in die Irre. Einzelbeurteilungen haben lediglich einen demotivierenden Effekt auf Menschen – und schaden darüber hinaus Gesamtleistung und Teamgeist.

Menschen kommunizieren und vernetzen sich auf unterschiedlichste Weise. Aber es gibt „Kommunikations-Archetypen"

Hubs erzeugen Information und verbreiten sie.

Gatekeepers steuern behutsam Informationsflüsse.

Pulsetakers sind hervorragende Beobachter anderer Menschen.

Karen Stephenson, Quantum Theory of Trust.
Harlow: Pearson Education Ltd, 2005

Connectors tauschen Informationen bevorzugt mit vielen anderen Menschen aus; verbinden unterschiedliche Akteure.

Mavens sind Informations-Broker/-spezialisten, die den Drang haben, zu teilen.

Salesmen sind Meister im Überzeugen und Verhandeln.

Malcolm Gladwell, The Tipping Point.
Boston: Back Bay Books, 2002

Es ist nicht entscheidend, ob diese Konzepte „richtig" sind oder ob eines davon „stimmt". Wichtig ist: Es gibt Möglichkeiten, soziale Muster und unterschiedlichste Verhaltensweisen nutzbar zu machen. Man kann an und mit diesen arbeiten - oder sie auf eigene Gefahr vernachlässigen.

Das Rätsel Lernen: Warum Daten und Information nicht schlau machen

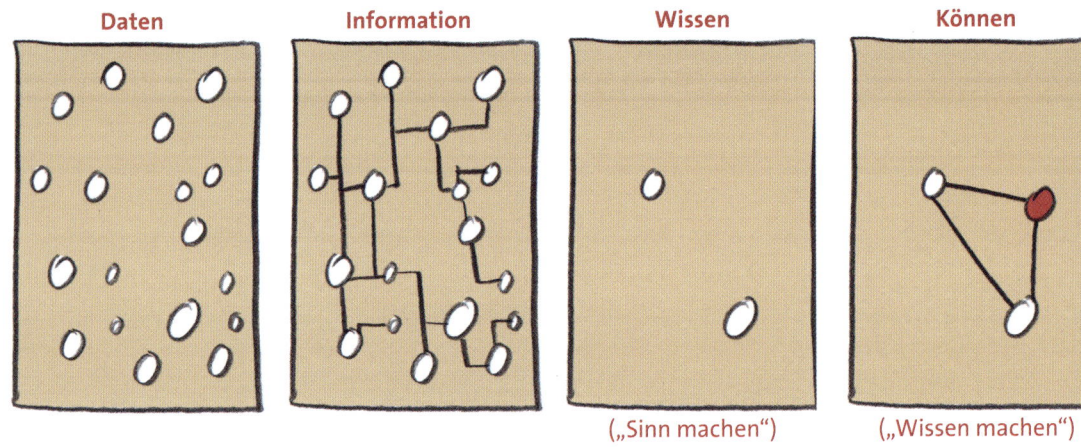

Daten	Information	Wissen	Können

("Sinn machen")   ("Wissen machen")

Durch Kontextualisierung lassen sich Daten in Information transformieren. **Sowohl Daten als auch Informationen sind „tot":** Man kann sie speichern, und sie sind von menschlichen Trägern unabhängig.

Wissen ist anders: Es bedarf der Aufnahme und Verarbeitung durch Menschen - des Lernens. Studieren, Pauken, Erfahrung oder etwas beigebracht zu bekommen sind Werkzeuge zum Lernen. Wissen kann durch diejenigen, die „Fähigkeiten" erworben oder Expertise entwickelt haben, auf bekannte Probleme angewandt werden. **Können ist die menschliche Fähigkeit, neue, bisher unbekannte Probleme zu lösen.** Es kann nur durch „disziplinierte Praxis" entwickelt werden. Wir nennen das Üben.

Moden wie Business-Analytik, Wissensmanagement und Big Data werden Organisationen niemals fit für Komplexität machen.

Kapitel

3

Selbst-steuernde Teams und die Netzwerkorganisation

Von bekannten, obsoleten hin zu neuen, wirksamen Design-Prinzipien

Teams bilden:
Das Phänomen der Verklumpung

„**Die Idee der Verklumpung:** eine Gruppe von Einzelteilen macht einen Klumpen aus. Die Grenze des Klumpens ist so etwas wie eine Zellmembran oder eine Landesgrenze. Sie etabliert eine eigene Identität für die Gruppierung im Inneren. Dem Kontext entsprechend kann man es vorziehen, die interne Struktur entweder zu ignorieren oder zu berücksichtigen."
Hofstädter/Douglas. Gödel, Escher, Bach. New York: Basic Books, 1979

Wir bezeichnen einen einzelnen Klumpen als Zelle und die Grenze eines Klumpens als Zellmembran.

Wir bezeichnen das Cluster der Zellen (das System) als Zellstruktur-Netzwerk.

Wir bezeichnen die Grenze des Systems als Sphäre der Geschäftstätigkeit.

Arbeit organisieren: Formen der Klumpen-Bildung und ihre Unterschiede

„Team" und „Gruppe" sind zwei vollkommen unterschiedliche Konzepte.

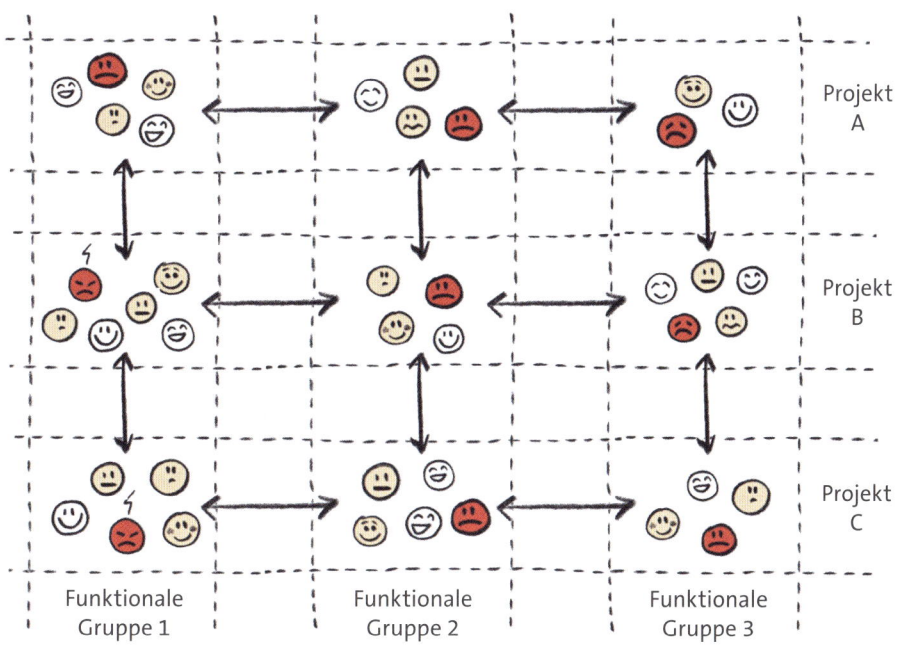

Projekt A

Projekt B

Projekt C

Funktionale Gruppe 1 — Funktionale Gruppe 2 — Funktionale Gruppe 3

Design-Prinzip _Beta_ – der Arbeit folgend:

Teams sind funktional integriert. „Verschiedene Menschen arbeiten vernetzt mit anderen füreinander-miteinander" – Menschen, die sich einig darüber sind, zusammen ein gemeinsames Ziel zu erreichen.

Design-Prinzip _Alpha_ – Funktionen folgend:

Gruppen sind funktional getrennt. „Ähnliche Menschen arbeiten nebeneinander und parallel zueinander" – sie können auch in gegenseitigem Konkurrenzkampf stehen.

Top-Down-Anweisung und -Kontrolle versus Selbstorganisation

Design-Prinzip *Alpha*:

Fremdkontrolle durch Chefs. Informationen werden nach oben geleitet, Befehle nach unten. Top-Down Entscheidung. Regeln als Machtwerkzeug.

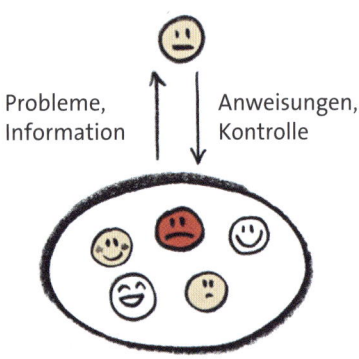

Probleme, Information

Anweisungen, Kontrolle

Rahmen: Regeln, Verantwortlichkeiten, Stellenbeschreibungen

Design-Prinzip *Beta*:

Selbstregulierung innerhalb von Teams. Kontrolle durch Transparenz und sozialen Druck. Prinzipien für gemeinsame Verantwortung.

Rahmen: Werte, Prinzipien, Rollen, geteilte Zielvorstellungen

Selbstorganisation ist eigentlich nicht der „richtige" Begriff. Besser wäre: „Sozial dichte Markt-Organisation".

Erzeugen und nutzen Sie sozialen Druck

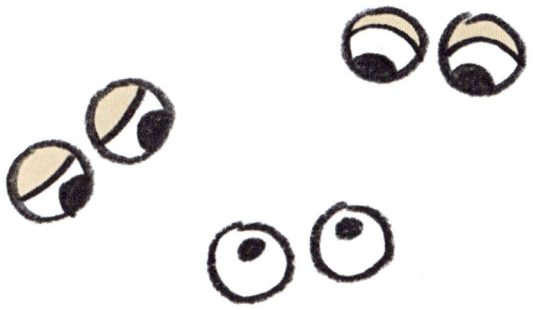

So entsteht „sozialer Druck" oder „Gruppendruck":

1. Lassen Sie die Akteure sich in überschaubaren Teams zusammenfinden.

2. Geben Sie Teams gemeinsame Verantwortung für gemeinsame Ziele.

3. Sorgen Sie für Transparenz aller Informationen.

4. Sorgen Sie für die Vergleichbarkeit der Teamergebnisse zwischen Teams.

**Sozialer Druck - richtig erzeugt: weitaus mächtiger als Hierarchie –
ohne deren schädigende Nebenwirkungen.**

Selbst-Organisation entsteht aus Teams heraus. Punkt

Letztlich geht es beim produktiven Umgang mit Komplexität und Selbstorganisation immer um Team-Ermächtigung ...

... nicht um die Ermächtigung Einzelner.

Die „Empowerment"-Bewegung der 90er-Jahre übersah dieses Prinzip.

Ein scheinbares Paradox: Geben Chefs Macht und Entscheidungsverantwortung an Teams ab, erhöht das auch ihren Status

Niedrige/Durchschnittliche Performance

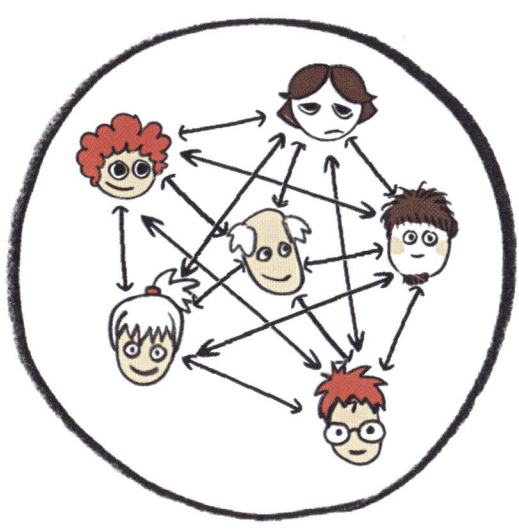

Hohe/Überdurchschnittliche Performance

Erfolg ist kein Nullsummenspiel.

Kommunikation zwischen Teams

Design-Prinzip *Alpha*:

Koordination/Kommunikation über einen
Manager, typischerweise in Verbindung mit
funktionaler Trennung und Taylorismus

Dies ist in trägen Märkten ausreichend.

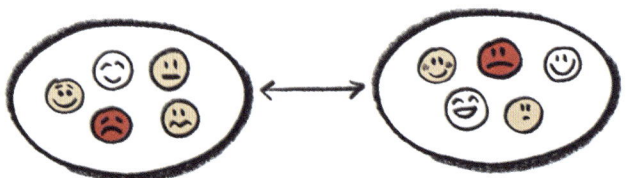

Design-Prinzip *Beta*:

Koordination/Kommunikation nicht durch
übergeordnete Manager, sondern „quer",
typischerweise in Verbindung mit
Marktmechanismen

Dies ist in dynamischen Märkten überlegen
und leistungsfähiger.

Zentrale Koordination ist ein Luxus, der in hoher Dynamik unerschwinglich wird.

Der Unterschied
zwischen „Abteilung" und „Zelle"

Design-Prinzip *Alpha*:

Eine Abteilung institutionalisiert die funktionale Trennung und daraus resultierend Gruppen von Experten – Marketer mit Marketern, Vertriebler mit Vertrieblern etc. Diese müssen horizontal und vertikal koordiniert werden. Es entstehen Schnittstellen: Geschäftsprozesse fließen durch verschiedene Abteilungen. Das Ergebnis: Akteure arbeiten parallel, nicht in ihren Teams.

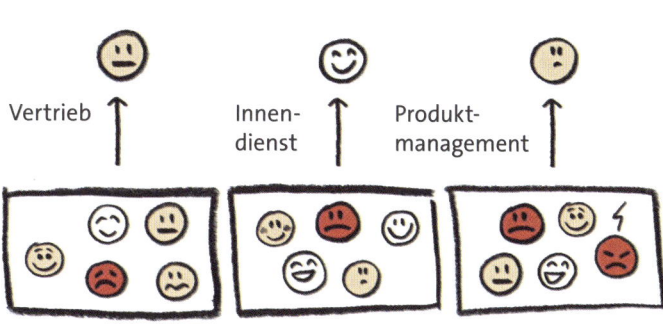

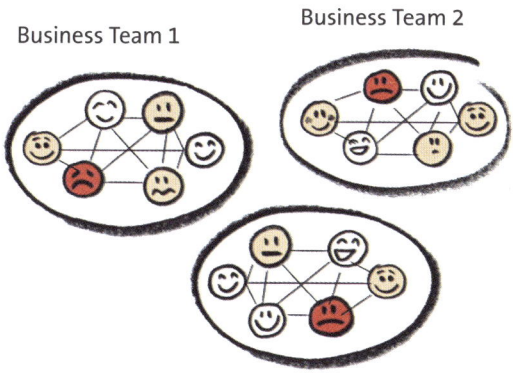

Design-Prinzip *Beta*:

Eine Zelle ist funktional integriert oder funktionsübergreifend – gleiche Funktionen finden sich in verschiedenen Teams. Kommunikation geschieht zwischen Teams auf Augenhöhe. Geschäftsprozesse fließen weitgehend innerhalb einzelner Zellen. Das Ergebnis: Echte Teams arbeiten für- und miteinander.

Komplexe Märkte erzwingen Dezentralisierung, gepaart mit marktlicher Koordination.

Kapitel

Organisationen als Systeme: Design für Komplexität

Wie können Organisationen „fit für Dynamik" werden?

Wie unser Denken Probleme erzeugt:
Die Vorstellung von der Organisation als
Pyramide ist eine irreführende Metapher

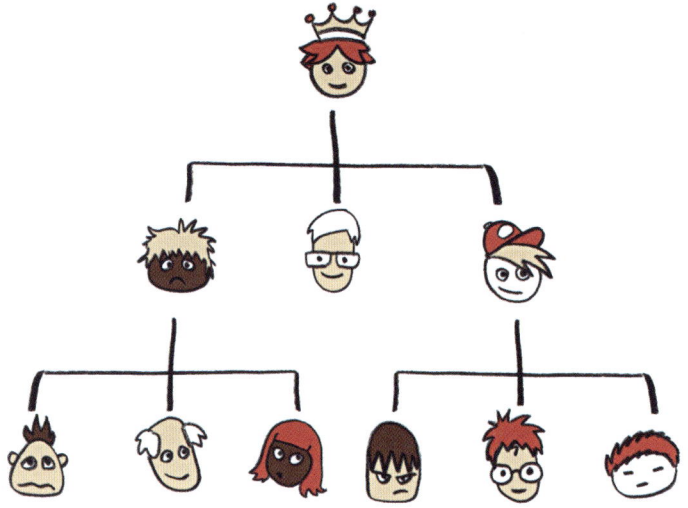

Design-Prinzip *Alpha*:

Organisation als bürokratische Hierarchie, von Managern geführt (besser: kontrolliert). Top-Down-Kontrolle von „Followern" durch Manager – das ist eine schlechte Idee.

Viele von uns spüren das intuitiv: Unsere praktische Erfahrung widerspricht der These, dass eine solche Form der „Führung" funktioniert.

Dennoch ist diese Praxis in Unternehmen weit verbreitet. Sie ist sogar der Standard. Wenn wir von Management sprechen, meinen wir Techniken, Instrumente und Modelle, die auf die Verbesserung oder Optimierung von Organisationen als Systeme von Weisung und Kontrolle abzielen.

Eine bessere Metapher: Die Organisation als mehrschichtiges Netzwerk

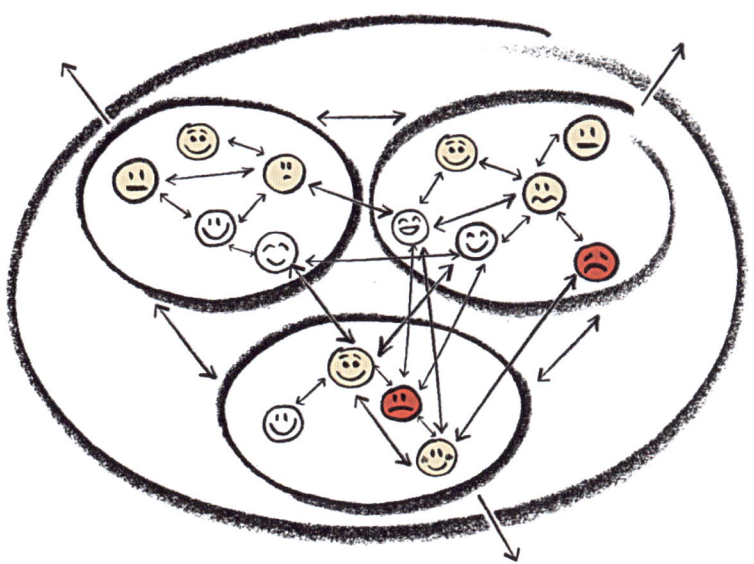

Design-Prinzip *Beta*:

Organisation als verbundenes, lebendiges und vom Markt gesteuertes Netzwerk, in dem alle Akteure Verantwortung tragen. Eine bessere Art, Organisationen zu beschreiben, ergibt sich, wenn wir sie als lebendige Netzwerke verstehen. Das ist im Vergleich zum Dogma der steuerbaren Pyramidenorganisation näher dran an wissenschaftlichen Erkenntnissen der letzten Jahrzehnte. Es ist aber auch in mehrfacher Hinsicht realitätsnäher.

Denn Organisationen sind:
* Netzwerke einzelner Akteure (durch ihre informelle Strukturen) und
* Netzwerke wertschöpfender Teams (durch ihre Wertschöpfungsstrukturen)
Diese Konzepte werden wir im Folgenden genauer anschauen.

Ihre Organisation ist bereits vernetzt. Es ist ihr nur möglicherweise nicht erlaubt, offiziell als Netzwerk zu operieren.

Organisation als vernetztes Wesen: Informelle Strukturen basieren auf individuellen, sozialen Beziehungen

Informelle Strukturen entstehen aus der Interaktion zwischen Menschen.
In allen sozialen Gruppen. Insbesondere in Krisen übernehmen die inoffiziellen, kollegialen Netzwerke das Kommando. Der „kleine Dienstweg" zeigt dann seine Überlegenheit gegenüber den offiziell vorgeschriebenen Prozessen, die eigentlich Makulatur sind.

Informelle Strukturen sind weder gut noch schlecht. Sie sind. Die meisten sozialen Phänomene entstehen aus informellen Strukturen heraus: Gerüchte, Netzwerke, Politik, Koalitionen, Verschwörungen, Gruppendruck, Solidarität, Mobbing.

Tatsache ist: Informelle Strukturen sind machtvoll. Jede Organisation hat sie.

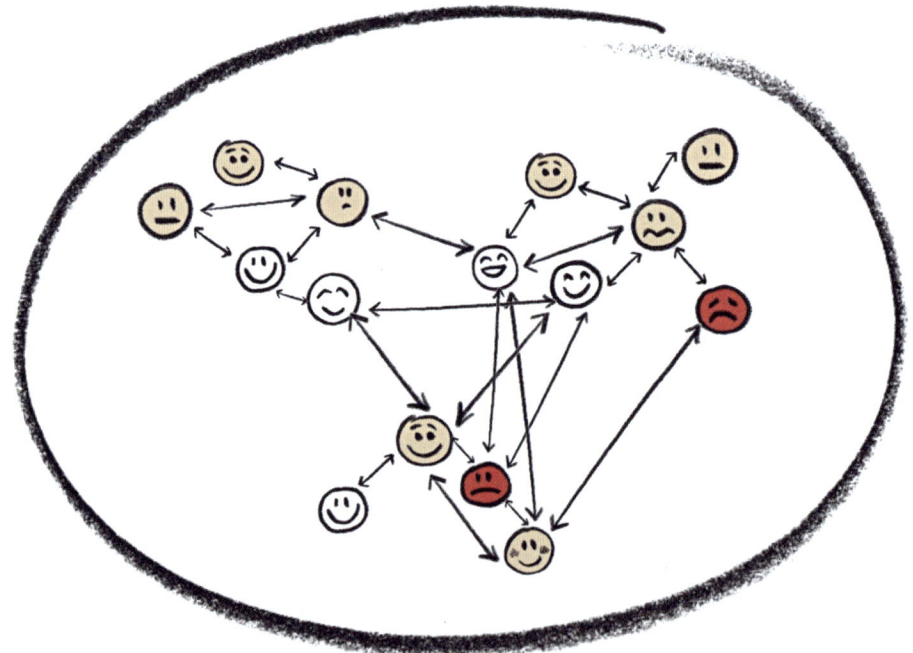

Arbeit ist vernetzt: Die Wertschöpfungsstruktur einer Organisation basiert auf Teams und ihren Interaktionen

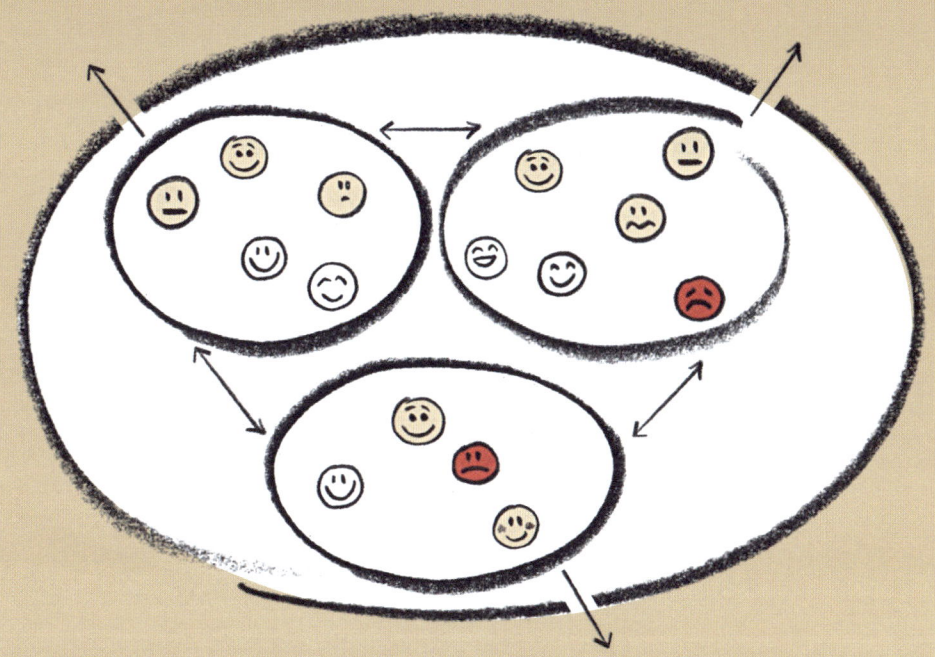

In Organisationen fließt Wertschöpfung von innen nach außen.

Wertschöpfung ist dabei niemals die Summe von Einzelleistungen: es ist ein kollektiver Prozess des interaktiven „mit-anderen-für-andere" Leistens. **Jede Organisation, und sei sie auch noch so ineffektiv und bürokratisch, hat eine Wertschöpfungsstruktur.** Oft ist sie jedoch versteckt.

In hierarchisch gesteuerter Organisation ist Wertschöpfungsstruktur ruhig gestellt. Wie ein betäubter Muskel.

Organisation und Arbeit: doppelt vernetzt. Die Kombination von Informeller Struktur und Wertschöpfungsstruktur

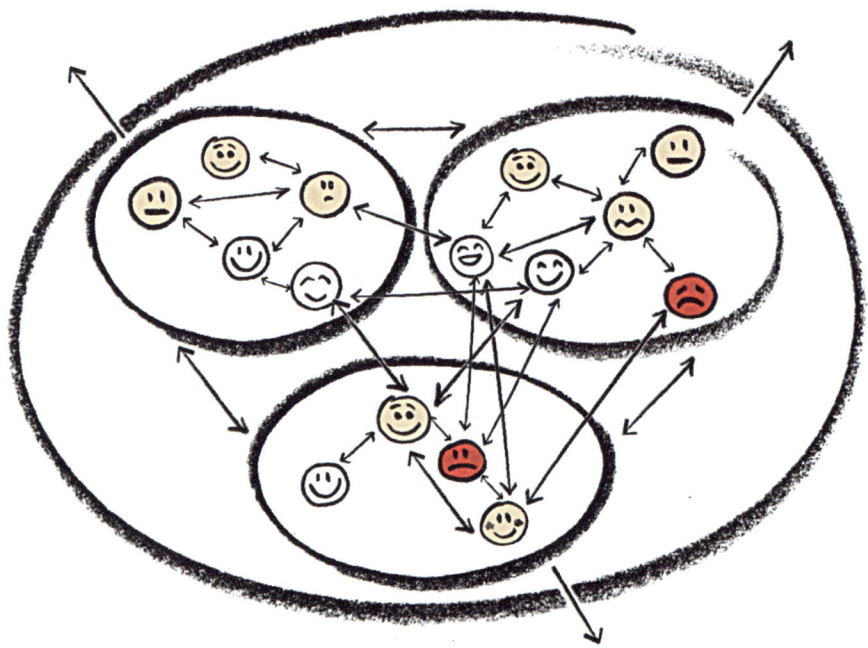

Mit dem Verständnis, dass Organisationen Wertschöpfungsnetzwerke sind, die auf informellen Strukturen basieren statt auf Weisungs- und Kontrollpyramiden, wird man sich keine Gedanken mehr um formelle Hierarchie machen: diese ist aus Komplexitätssicht trivial und dient nur mehr der Compliance.

Man wird sich stattdessen mehr um Wertschöpfungsflüsse, die Nutzung von Gruppendruck und um die Pflege gesunder Netzwerkmuster kümmern. Organisationale Robustheit entsteht aus der Qualität und Vielfalt der Interaktionen zwischen Akteuren und Teams heraus — nicht durch Regeln, Chefs, Standards.

Informelle- und Wertschöpfungsstruktur bilden die Hinterbühne einer jeden Organisation.

„Pfirsich statt Pyramide": In komplexer Wertschöpfung bedarf es der Unterscheidung zwischen Zentrum und Peripherie

Mithilfe der Unterscheidung zwischen Zentrum und Peripherie werden Dynamikprobleme sichtbar, die mit der althergebrachten Unterscheidung zwischen Aufbau- und Ablauforganisation unsichtbar – und damit unlösbar – bleiben.

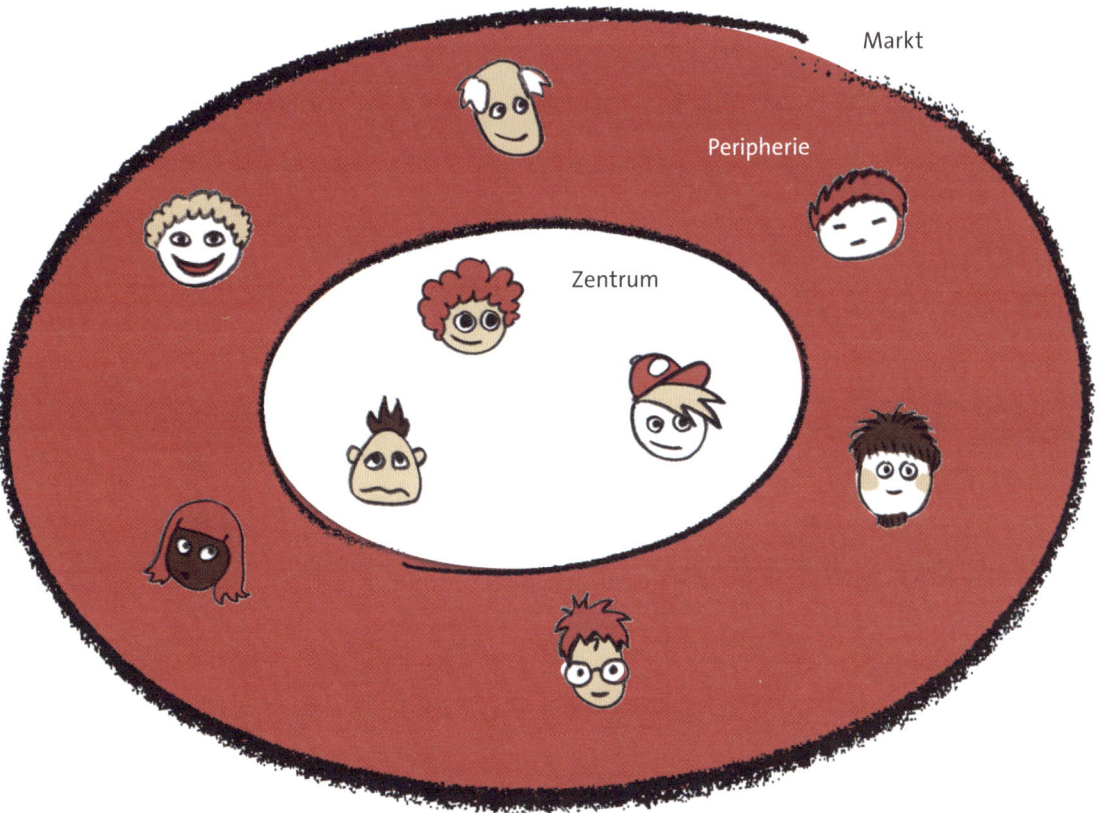

Die Peripherie:
Das Außen im Inneren jeder Organisation

Alle Rollen, die mit den Anforderungen des Marktes wertschöpfend umgehen, nennen wir Peripherie.

Die Peripherie ist der einzige Teil einer Organisation mit Marktkontakt. Durch diese Interaktion ist die Peripherie in der Lage, am Markt zu lernen.

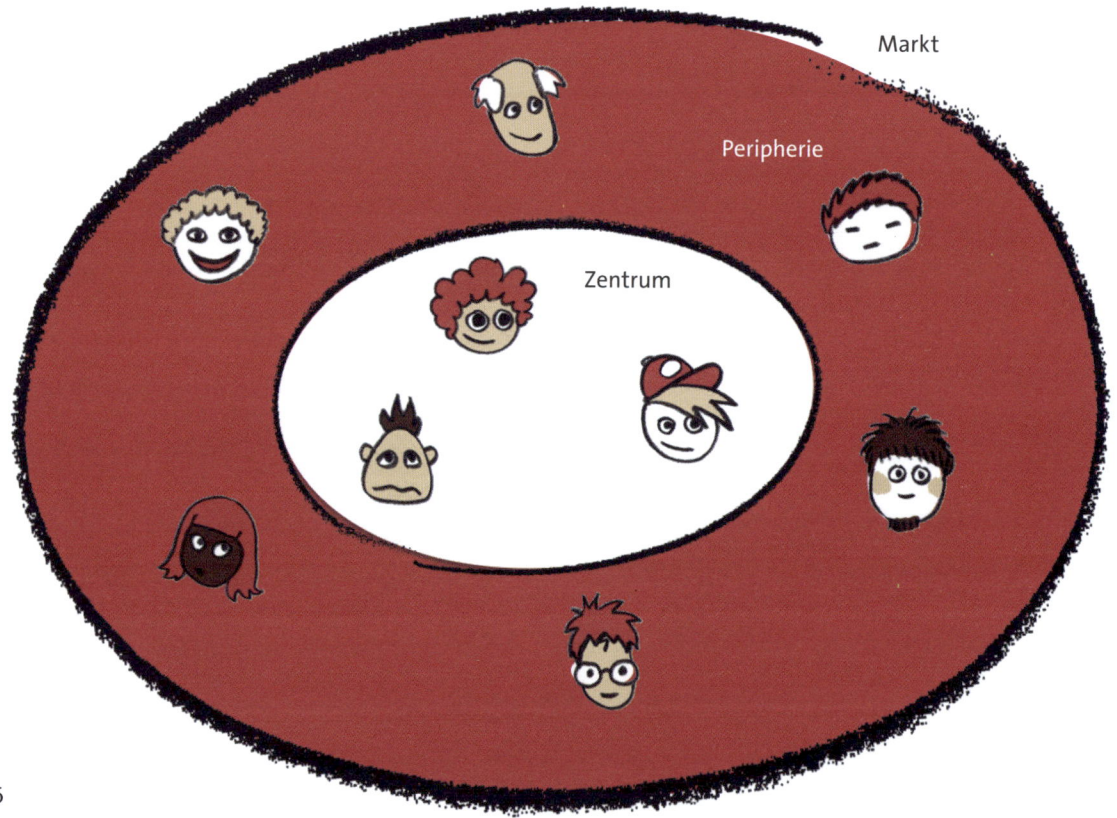

Das Zentrum:
Ohne direkten Marktkontakt

Die Peripherie isoliert das Zentrum vom Markt. Doch Vorsicht: Vorstand und Zentrale sind nicht gleich Zentrum, die Mitarbeiter oder Werker in den Niederlassungen sind nicht gleich Peripherie. Es geht bei dieser Unterscheidung um Rollen oder Tätigkeiten – nicht um einzelne Menschen oder Orte.

Innovation ist immer Zentrumsleistung. Denn Innovation ist (noch) keine unmittelbare Kundenwertschöpfung. Wer mit Innovation zu tun hat, spielt folglich immer eine Zentrums-Rolle. Setzt quasi einen zusätzlichen Zentrums-Hut auf.

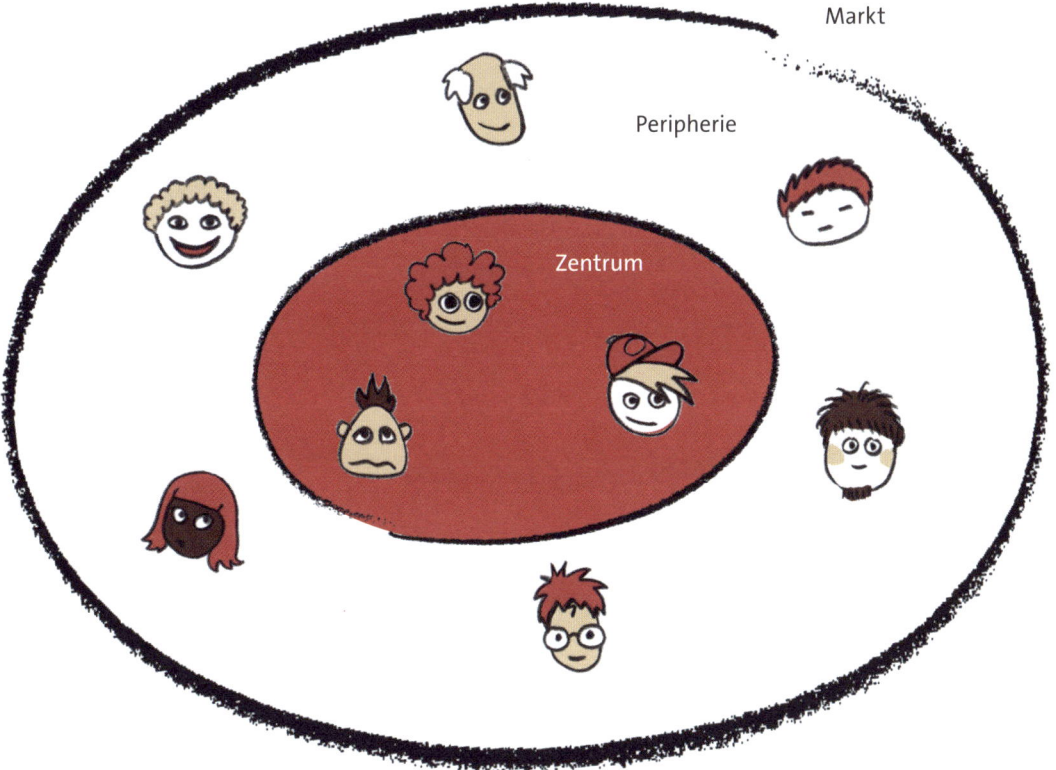

Zentralisierte Entscheidung und Steuerung in der Systemsicht

Design-Prinzip *Alpha*: Entscheidungsmacht ist zentralisiert, Steuerung per Weisung und Kontrolle.

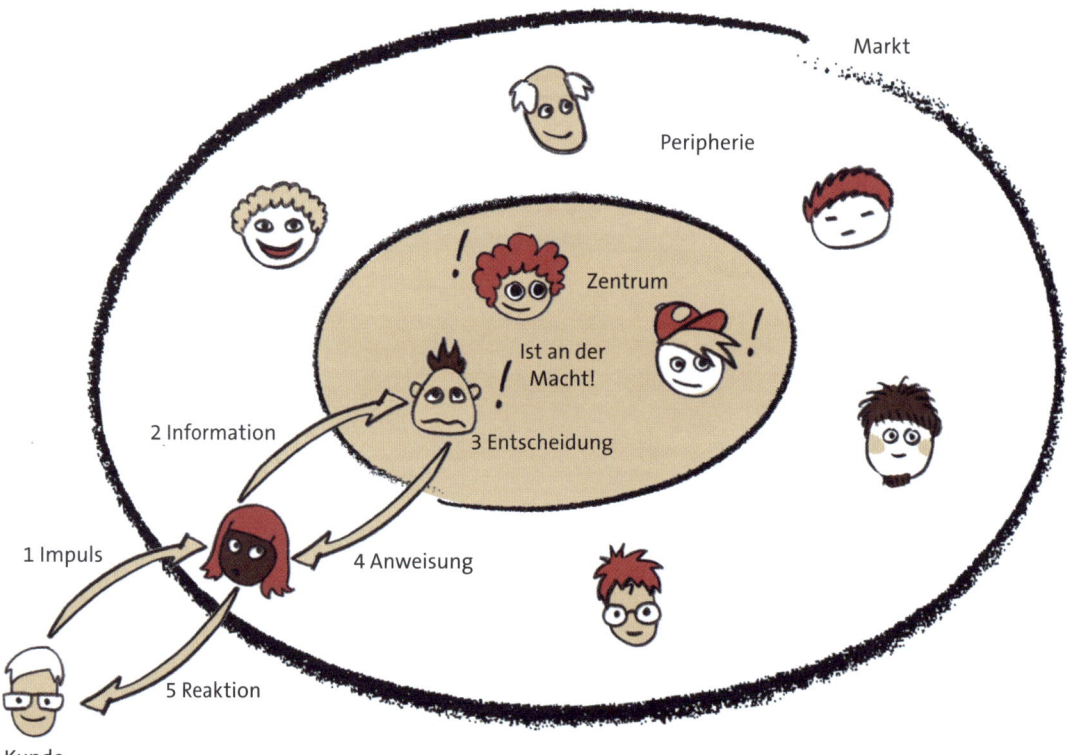

In trägen Massenmärkten ist die Zentralisierung der Entscheidungsfindung effizient. Zentralisierte Steuerung und Kontrolle sind erreichbar. Standards funktionieren.
In dynamischen Märkten dagegen kollabieren Systeme, die auf zentrale Steuerung vertrauen. Solche Organisationen verblöden.

Das Komplexitäts-Dilemma durch Dezentralisierung lösen

Design-Prinzip *Beta*: Entscheidungsmacht ist dezentralisiert, Führung per Wahrnehmen und Erwidern.

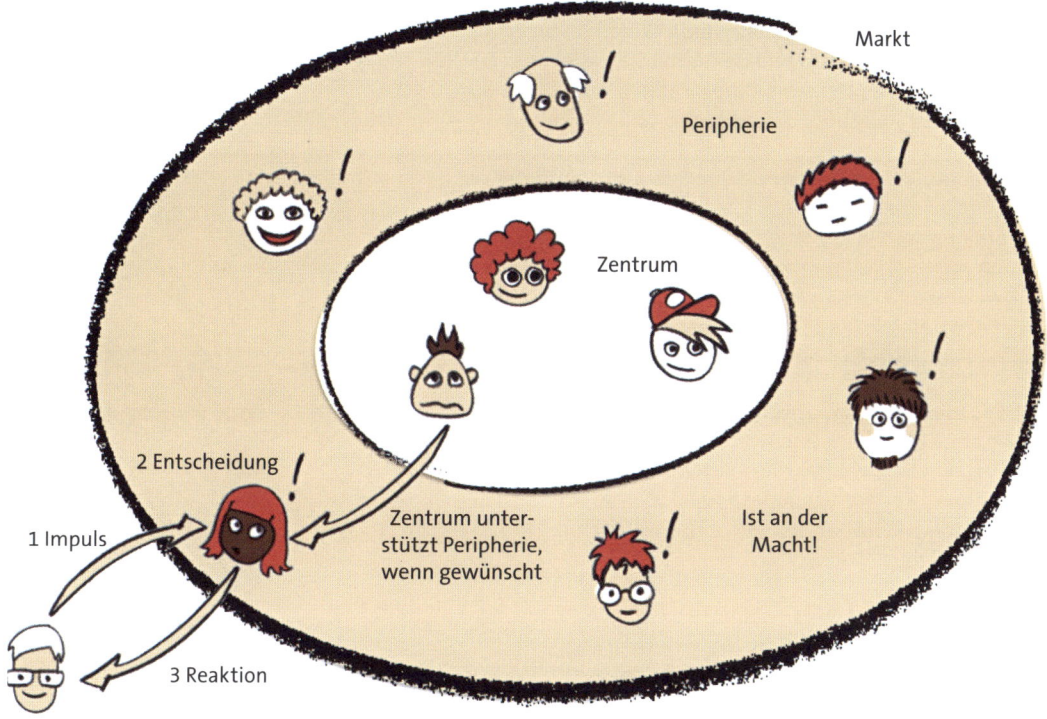

In dynamischen Märkten ist die konsequente Dezentralisierung oder Rückgabe von Entscheidungen in die Peripherie der einzige Weg aus dem Dilemma des Steuerungsversagens. Entscheidungen werden so dort getroffen, wo Marktkontakt besteht und wo auch vom und am Markt gelernt werden kann. Die Rollen von Zentrum und Peripherie verändern sich dramatisch.

Ein paar Worte zum Thema Kultur: Warum Kultur wie ein Schatten ist

Kultur ist kein Erfolgsfaktor. Sondern eine Wirkung von Erfolg oder Misserfolg. Sie ist ein Abbild der Verhältnisse in einer Organisation, nicht deren Ursache. Darum lässt sie sich auch nicht direkt beeinflussen. Kultur ist wie ein Schatten.

Kultur ist beobachtbar, aber nicht steuerbar. Kulturentwicklung ist nicht schwierig und auch kein Problem – sie geschieht andauernd. Ganz von allein. Aber Kulturentwicklungsprojekte können nur scheitern. Und eine bestimmte Kultur zu fordern – beispielsweise eine innovativere – ist zwar üblich, aber doch nur ein lächerlicher Appell: Ein Unternehmen kann sich seine Kultur nicht aussuchen, es hat gerade die Kultur, die es verdient hat.

Kultur ist so etwas wie das unruhige Gedächtnis einer Organisation. Sie erleichtert oder erschwert abweichendes Verhalten. Sie normiert nicht – niemand muss sich in sie fügen! Aber sie stiftet so etwas wie einen gemeinsamen „Stil", auf den sich alle verlassen können. Kultur ist insofern ein Vereinfachungsmechanismus und prinzipiell konservativ.

Andererseits verarbeitet Organisationskultur auch Widersprüche, die aus externer Dynamik und Veränderung entstehen. Wie ein Gedächtnis nimmt sie alles auf, was geschieht. Was sie vergisst und was nicht, das ist wiederum nicht steuerbar. Kultur ist in diesem Sinne autonom.

Kultur steht Veränderung weder im Wege, noch begünstigt sie Veränderung. Sie kann aber Hinweise darauf geben, was eine Organisation lernen muss.

Kultur zu steuern ist unmöglich, Kulturbeobachtung dagegen wertvoll

In großen Unternehmen wird immer wieder versucht, Kultur und Werte zu bearbeiten. Wenn überhaupt, dann wirken diese Aktionen nur auf das Verhalten. Werte indes – ein weiterer Mechanismus des organisationalen Gedächtnisses – folgen nicht rationalen Überlegungen und bleiben daher von Steuerungsversuchen unberührt. Oder sie werden negativ beeinflusst, weil durch Aktionismus regelmäßig Heuchelei erzeugt wird.

Kulturbeobachtung ist ein essenzielles Werkzeug für Veränderung und Organisationsentwicklung. Denn Kultur ist ein unschlagbarer Sensor für die Wirksamkeit von Veränderungsanstrengungen. Mitarbeiterbefragungen sind zur Kulturbeobachtung (und auch ganz generell) jedoch nutzlos. Sie können nur individuelle Meinungen erfassen – Verhalten, aber auch per sé Unsichtbares wie Werte und informelle Strukturen, also die Hinterbühne der Organisation, bleiben dieser Methode verborgen. Nicht viel besser sind Interviewserien oder Erhebungen durch externe Berater.

Die sichtbaren Teile von Kultur, ihre Symptome, werden nur in der Praxis, in Verhalten und Kommunikation sichtbar. Am Krankenstand, in der Gestaltung von Büros und Arbeitsplätzen, an der Zahl der E-Mails und Absicherungskopien, an Fehlerraten und Kundenreklamationen, an Gestaltung und Einsatz von Kommunikationsmedien, an Form und Ablauf von Meetings, an Indikatoren und Berichten. Zur effektiven Kulturbeobachtung ist konstruktiv-kritischer Diskurs das vielleicht wirksamste Mittel.

Die Qualität von Veränderungsbemühungen lässt sich an der Kultur ablesen: Veränderung tröpfelt in die Kultur durch.

Delegieren oder dezentralisieren?

Dezentralisierung geht weiter als Delegation. Delegation findet auf individueller Ebene statt, wenn ein Vorgesetzter sich entscheidet, eine Befugnis, eine Verantwortung oder Aufgabe an einen Mitarbeiter zu übertragen. Dezentralisierung entsteht dagegen, wenn ein Vorstand (oder ein äquivalentes Führungsgremium) entscheidet, Entscheidungsmacht an periphere Teile der Organisation zu übertragen.

Letztlich ist Dezentralisierung immer mit strukturellen Veränderungen verbunden, die Teams größere Autonomie (altgriechisch: Selbstständigkeit) verleihen - vor allem durch die funktionale Integration innerhalb von Teams.

Dezentralisierung wird normalerweise mit der Dezentralisierung von Aktivitäten einhergehen, um die Autonomie von Teams zu erhöhen. Das bedeutet jedoch nicht, dass alle Aktivitäten dezentralisiert werden müssten! Aktivitäten können zentralisiert oder dezentralisiert sein: Die wesentliche Frage ist, wie die Kopplung interagierender Teams ausgestaltet ist.

Delegation　　　　　　　　　　　　　　**Dezentralisierung**

Dezentralisierung ist dauerhafter als Delegation.
Sie ist Prinzipien-basiert; sie muss in Strukturen und Wertschöpfung verankert sein.

Kapitel

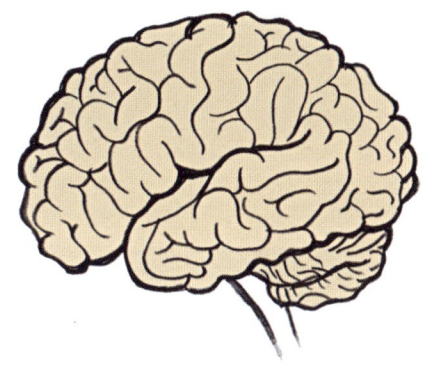

Dynamikrobuste Netzwerke für alle: So wird´s gemacht

Wie Sie den „Beta"-Mindset in der Organisationsstruktur verankern

Organisation als dezentralisiertes Netzwerk gestalten – anstatt als Weisungspyramide

Um eine Organisation in eine dezentralisierte Netzwerkstruktur zu überführen oder eine neue Organisation diesem Grundgedanken folgend zu gestalten, muss man zunächst die tragenden Elemente eines solchen Designs verstehen.

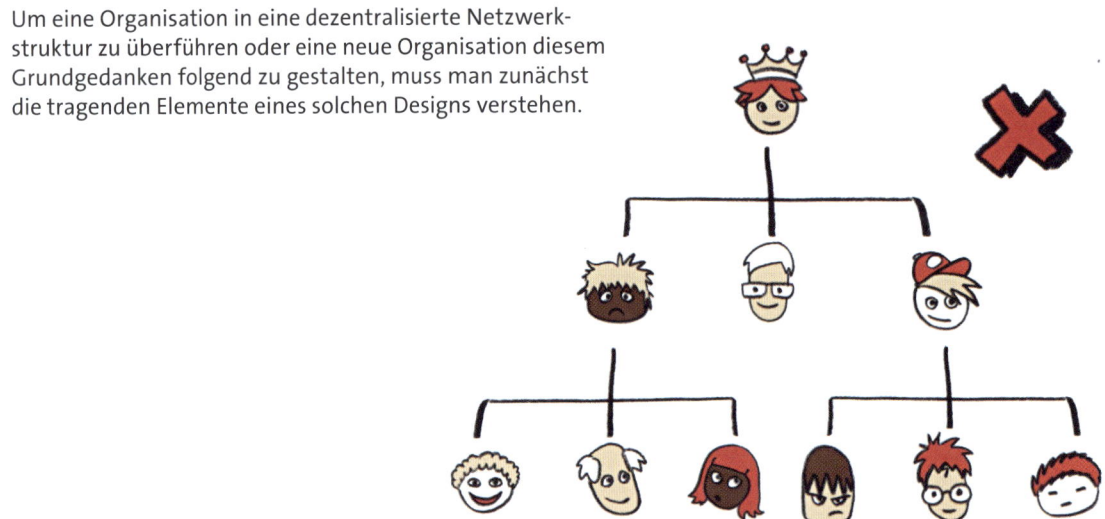

Vier Konstruktionselemente sind nötig:
- **Eine Organisationsgrenze,** die den Handlungsraum definiert.
- **Netzwerkzellen –** mit einer Unterscheidung zwischen zentralen und peripheren Zellen.
- **Verbindungen** zwischen den Zellen. Und schließlich:
- **Marktsteuerung –** durch Kontakt mit dem externen Markt, der an der Organisation „zieht".

Keine Linienstruktur. Keine Funktionen. Keine Abteilungen. Dies ist eine andere und weit effektivere Art und Weise, Struktur in Komplexität zu definieren.

Identität und die Sphäre der Geschäftstätigkeit: Die Unterscheidung zwischen drinnen und draußen

Sphäre der Geschäftstätigkeit

- Geschäftsmodell
- (geteilte) Werte
- Prinzipien
- Positionierung
- Rituale
- ...

Organisation and Teams

Die Sphäre der Geschäftstätigkeit

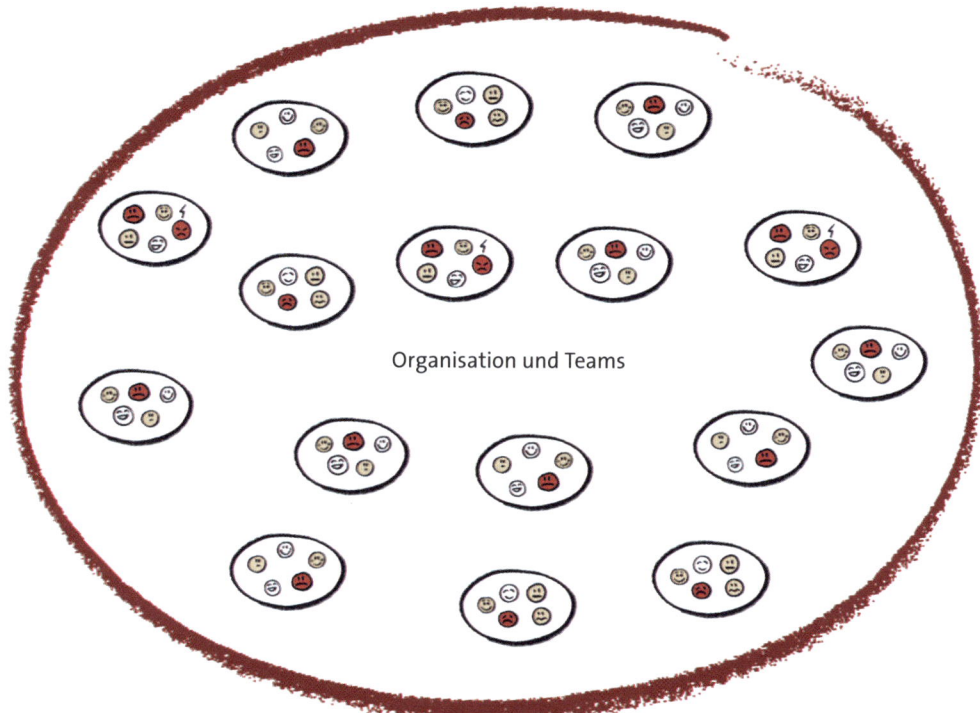

Organisation und Teams

Damit Selbstorganisation funktioniert, muss ein System von einer Grenze umgeben sein. Diese Voraussetzung definiert, was das „Selbst" ist, das sich entwickeln soll. **Die Grenze oder Sphäre hat die Rolle, selbstorganisierten Zellen den Weg zur Wertschöpfung zu zeigen.**

Die Elemente dieses Handlungsrahmens sollten schriftlich, z.B. in einem „Brief An Uns Selbst", einem Manifest oder einem „Kulturbuch", festgehalten werden.

Der Markt und seine Bestandteile

Markt

- Kunden
- Eigentümer
- Banken
- Gesellschaft
- Wettbewerber
- Lieferanten
- Gewerkschaften
- Forschungseinrichtungen
- ...

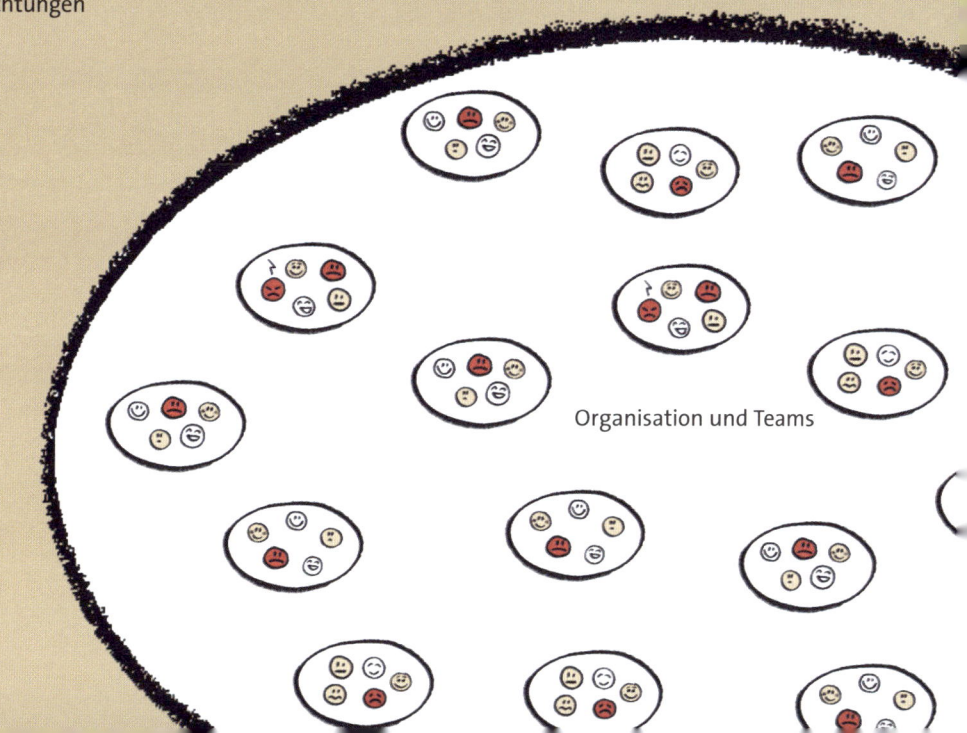

Organisation und Teams

Wertschöpfung fließt von innen nach außen.
Markt erledigt die Steuerung

Ein Zellstruktur-Netzwerk erreicht Stabilität und Anpassungsfähigkeit nicht durch interne, hierarchische Macht, sondern durch den „Zug" des externen Marktes und durch Beziehungen zwischen den internen Akteuren, die in ihrer Komplexität der Marktdynamik entsprechen. Markt steuert.

Hört sich einfach an? Ist es auch.

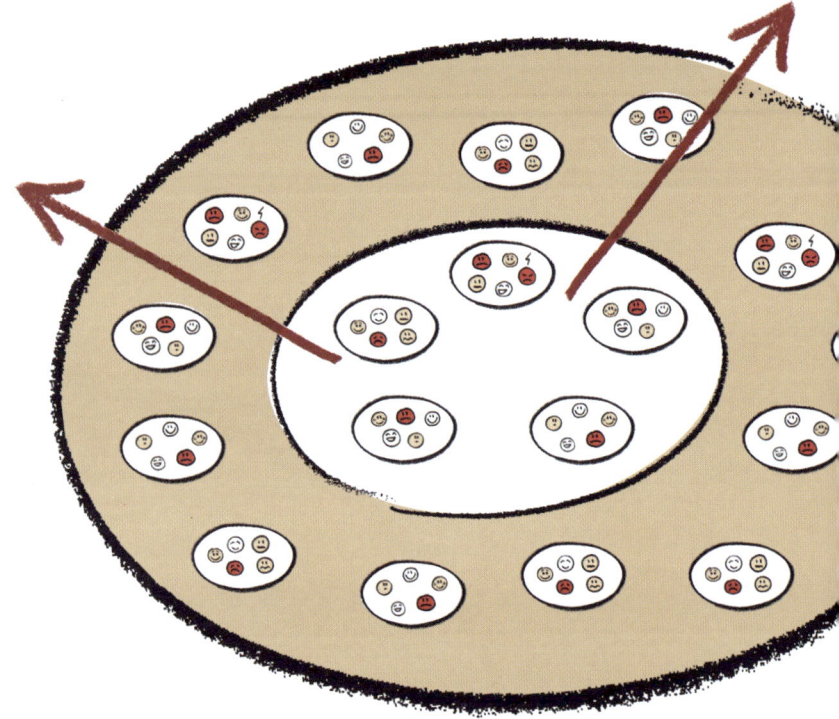

Organisationen haben ihre Steuerung bereits vor langer Zeit an die Märkte ausgesourct.

Von Wertschöpfungs-Teams zu Wertschöpfungs-Netzwerken

Wir nennen die Verbindungen zwischen Netzwerkzellen Saiten.

Wir nennen die Verbindung zwischen den Netzwerkzellen und dem Markt, also dort wo externer Markt „zieht", Marktzug.

Durch Marktzug und Saiten kommt in Organisation und Zellen Spannung auf.

Nur periphere Zellen haben direkten Marktkontakt und können Wertschöpfung für externe Kunden generieren.

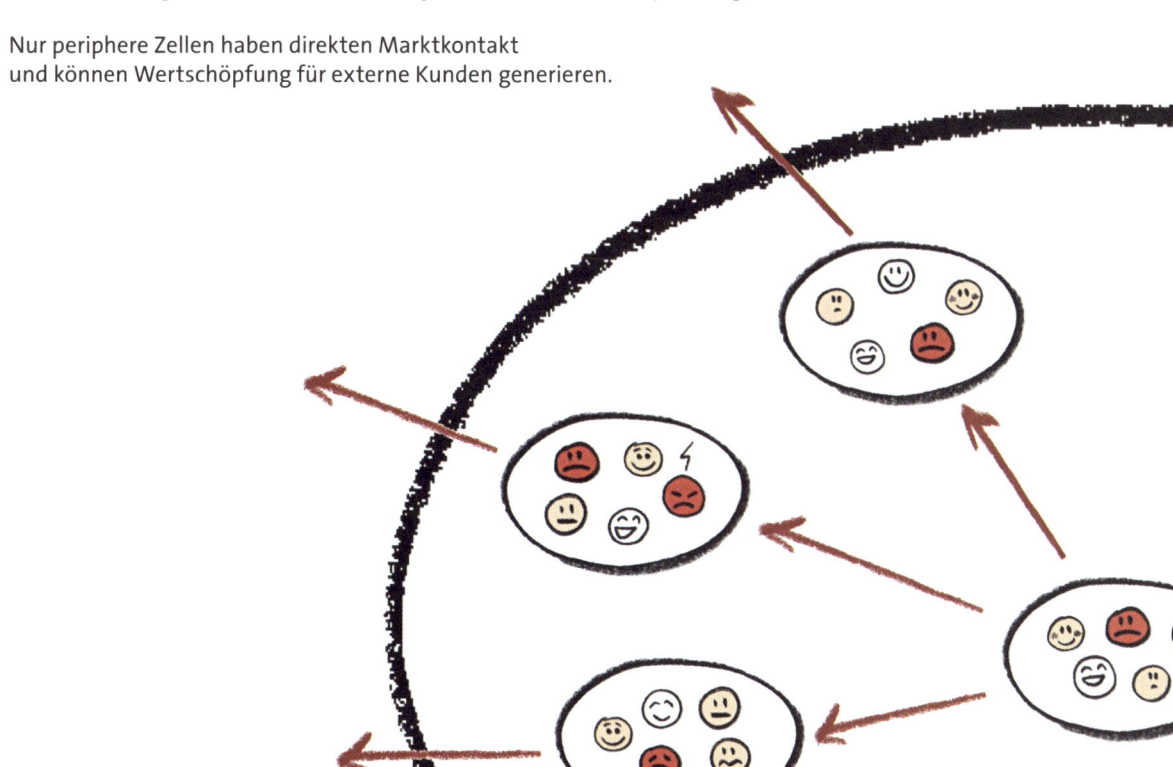

Das Phänomen „Marktzug"

Marktzug ist das Bindeglied zwischen Markt und Organisation. Wann immer eine externe Anspruchsgruppe einer Organisation etwas „will", „verlangt" oder „ordert", oder in einer für die Organisation relevanten Weise handelt, verursacht dies Marktzug.

Marktzug kann durch Kunden verursacht werden, die eine Leistung wünschen. Durch Eigentümer, die Vergütung für Ihre Investition erwarten. Durch eine Bank, die eine Kreditrückzahlung verlangt. Durch Steuerforderungen des Staats. Oder durch einen Wettbewerber, der ein neues Produkt lanciert. **Marktzug hat vielfältige Quellen.**

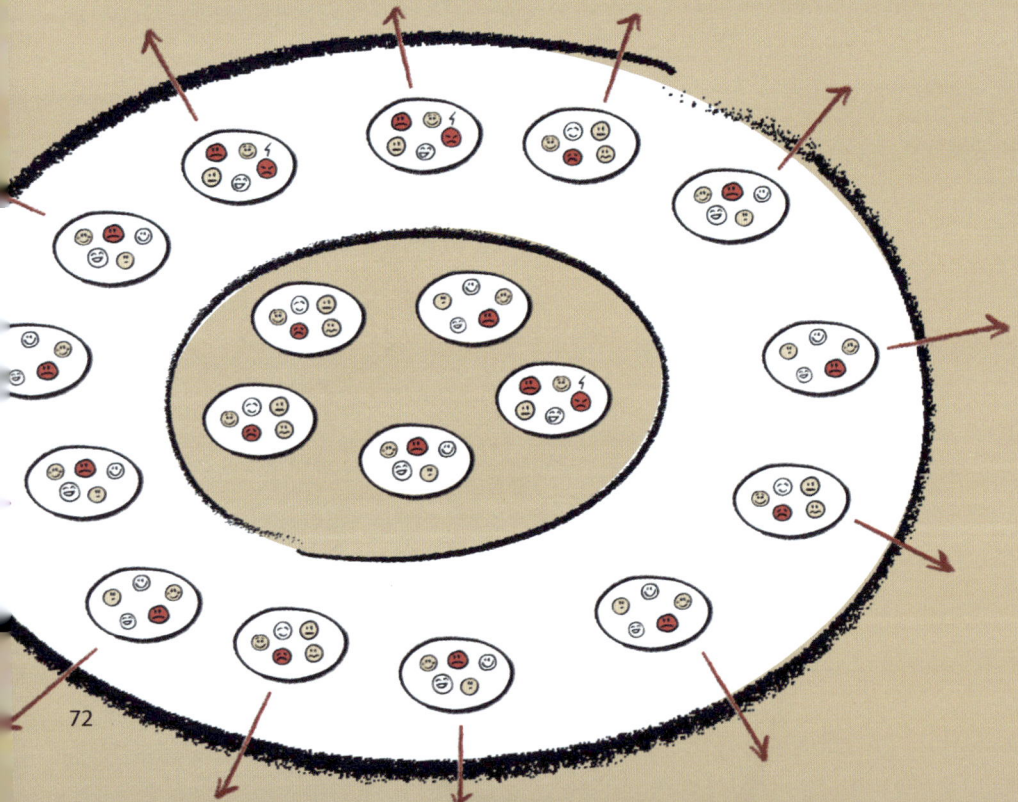

Schritt 1: Zum Aufbau einer Organisation als Wertschöpfungs-Netzwerk, beginnen Sie von außen nach innen

Starten Sie vom Markt her, also mit den Zellen der Peripherie.

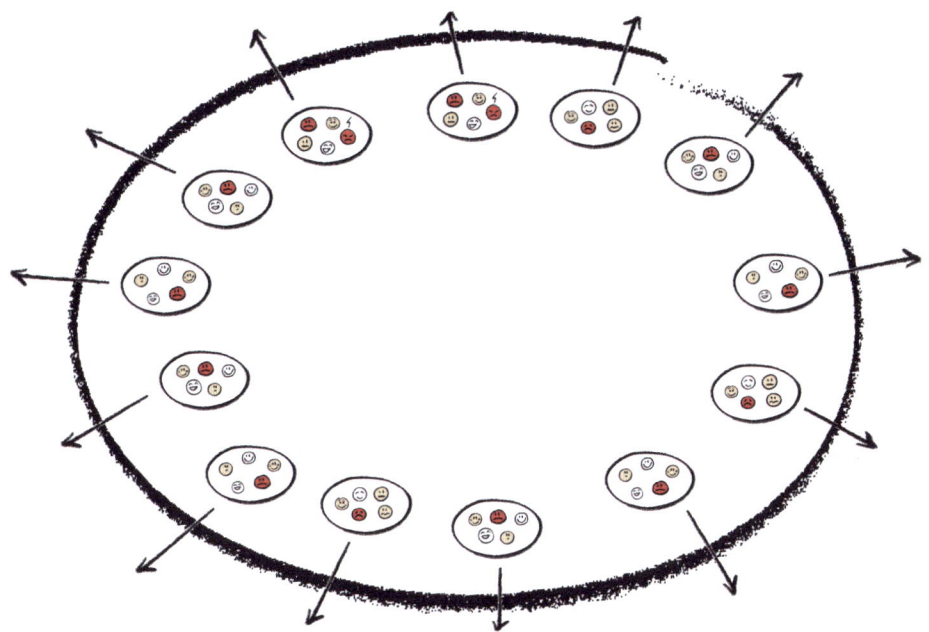

Zellen in der Peripherie sollen:
- So entscheidungsautonom wie möglich sein – als „Unternehmen im Unternehmen" – und ganzheitlich verantwortlich für ihr jeweiliges Geschäft
- Nie weniger als 3 Personen umfassen; gemeinsam eine Vielfalt funktionsübergreifender Rollen übernehmen
- Ihre Ergebnisse selbst messen

Schritt 2: Legen Sie zentrale Zellen stets als interne Dienstleister an - ohne Entscheidungsmacht über die Peripherie

Die Rolle zentraler Zellen ist die Versorgung der peripheren Zellen mit Leistungen, die sie nicht selbst erbringen können. Ihre Rolle ist, der Peripherie zu dienen, nicht sie zu beherrschen. Sie darf nicht steuern – also weder Entscheidungsmacht haben, noch als Kontrolleur agieren.

Im Idealfall berechnen zentrale Dienstleister den Zellen der Peripherie ihre Leistungen nach Inanspruchnahme – es entsteht ein interner Markt. Dazu ist die Definition von Leistungen und internen Preisen nötig – die Fixierung von Abnahmemengen muss verhindert werden. Unternehmen wie Handelsbanken, dm-drogerie markt und Morning Star machen genau dies bereits seit Langem.

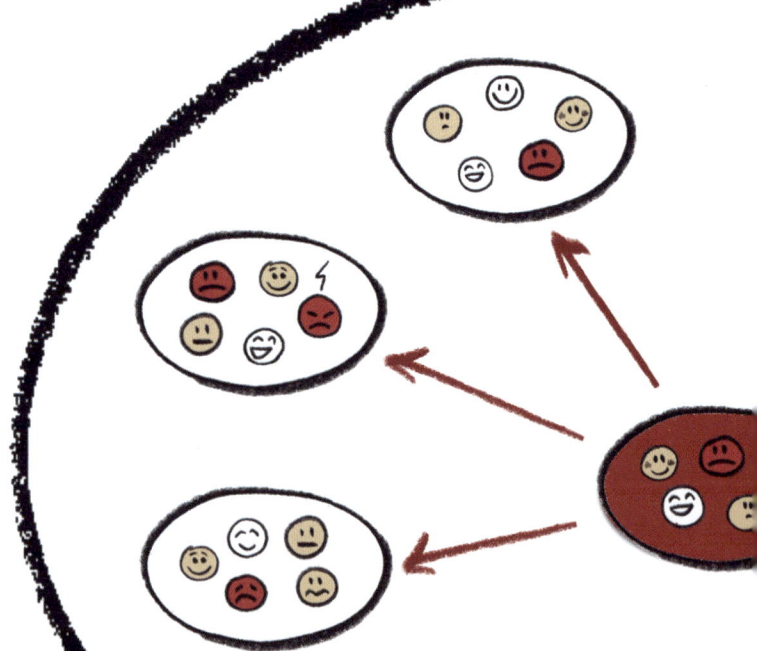

Die Aufgaben zentraler Netzwerk-Zellen

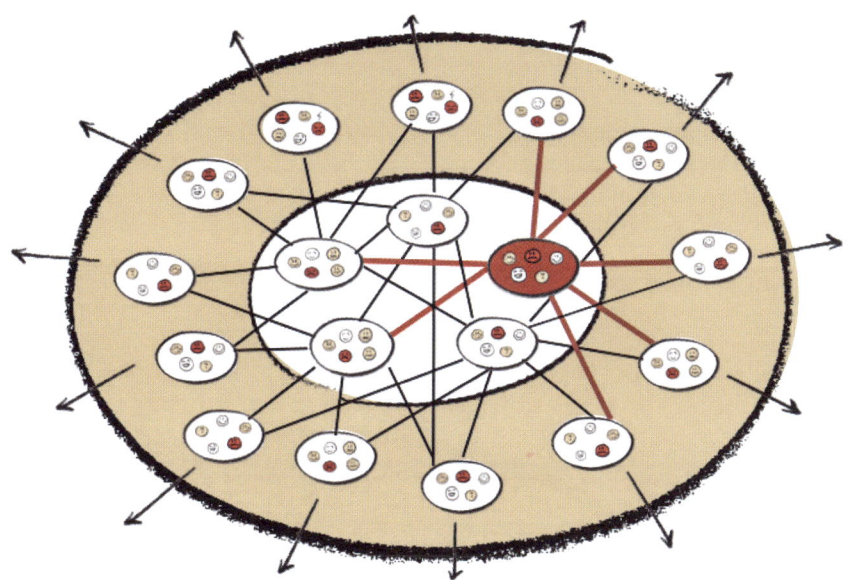

Zentrale Dienstleistungen können in Kategorien wie die folgenden fallen:

- Personal
- Finanzen
- Systemadministration (IT)
- Recht
- Sonstige Experten-Center

Es braucht natürlich nicht unbedingt eine Zelle pro Kategorie. In kleineren Organisationen kann es ausreichen, interne Leistungen in kleinen Supermärkten oder Shops zusammenzufassen.

Ein Modell mit zwei Shops würde so aussehen:

- Ein Org-Shop – also ein Team, das für das gesamte Netzwerk organisatorische Aufgaben wahrnimmt.
- Ein Info-Shop – ein Team, das Aufgaben rund um die unternehmerische Informationsversorgung wahrnimmt.

Schritt 3: Gehen Sie iterativ vor – und beziehen Sie viele Menschen in den Prozess der Netzwerkstruktur-Gestaltung ein

Üblicherweise muss das Wertschöpfungsstruktur-Design mehrfach wiederholt werden, um ein nicht nur umsetzbares und besseres, sondern ein so dezentralisiertes und skalierbares Ergebnis wie möglich zu erhalten.

Nach einiger Zeit, in der das neue System gelebt wird, entstehen typischerweise vollkommen neue Lernerfahrungen – das kann zu häufigeren Nachbesserungen an der Struktur führen.

Prinzipiell gilt: Je mehr Organisationsmitglieder Sie in den Gestaltungsprozess einbeziehen, desto besser das Ergebnis.

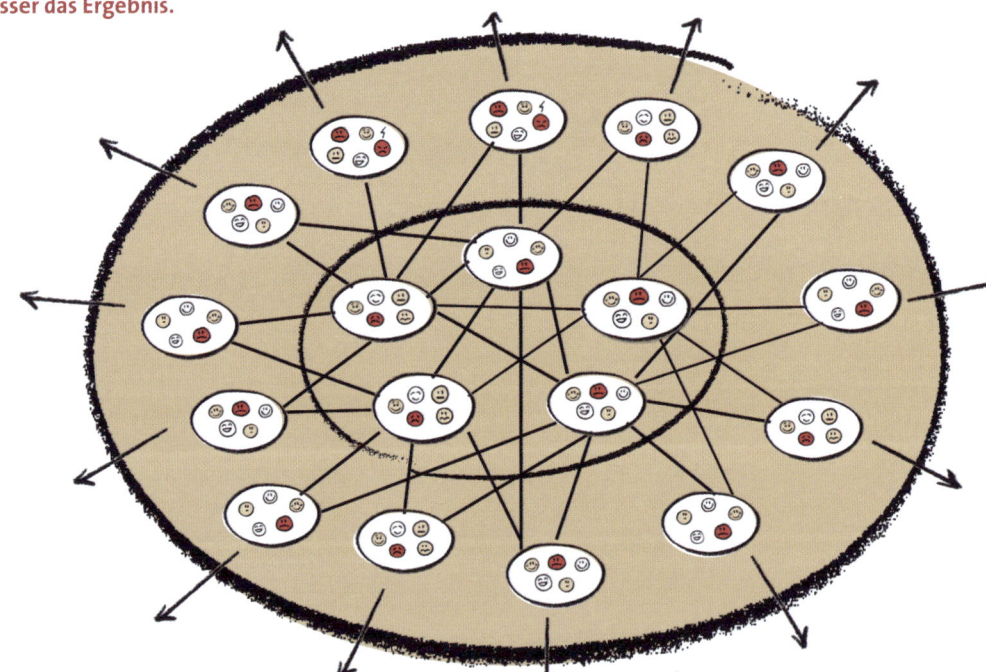

Kultivieren Sie Prinzipien, nicht Regeln

Einfache/wenige Prinzipien > komplexes Verhalten

Komplizierte/viele Regeln > dummes Verhalten

IF......THEN ....
IF......THEN ....
IF......THEN ....
IF......THEN ....
IF......THEN ....
IF......THEN ....
IF......THEN ....
IF......THEN ....
IF......THEN ....
IF......THEN ....
IF......THEN ....
IF......THEN ....
IF......THEN ....
IF......THEN ....
IF......THEN ....
IF......THEN ....
IF......THEN ....

DON'T DO EVIL.

Der einzelne Akteur und sein „Rollenportfolio": Alltag in einer dezentralisierten Netzwerkstruktur

In einer dezentralisierten Netzwerkstruktur gibt es keine „Positionen", sondern Rollen. Einzelne Akteure sind gewöhnlich nicht an eine einzelne Zelle gebunden, sondern können verschiedene Rollen in verschiedenen Zellen annehmen.

Ein Beispiel: Jemand mit dem offiziellen Titel „CFO" auf der Visitenkarte spielt eine Rolle im Zentrum, wenn er anderen Zellen dient, ist aber Teil einer peripheren Zelle, wenn er mit der Bank redet. Ein und dieselbe Person kann innerhalb der Organisation also mehrere Rollen annehmen – auch solche, die nichts mit Finanzen zu tun haben.

In Zellstrukturen können Rollen häufig wechseln, Status verliert an Bedeutung. Organisationsmitglieder werden nicht in Stellenbeschreibungen eingepasst: Sie machen sich Rollenportfolios zu eigen.

Rollen statt Stellen: Vielfältige Aufgaben. Bunteres Leben. Lernen begünstigt

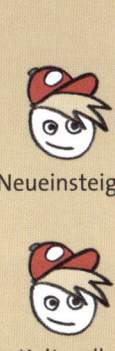 Neueinsteiger

 Moderator

 Vertriebler

 Buchhalter

 Könner

 Recruiter

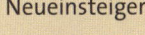 Kulturelle Ikone

 Ideengeber

 Informations-dienstleister

 Quertreiber

 Geschäfts-führer

 Meister

 Entwickler

 Marketer

 Organisations-folklorist

 Personaler

 Task-Force-mitglied

 Markt-forscher

 Auditor

 Spezialist

 Besuchstour-guide

 CEO

 Verhandlungs-führer

 Angebots-autor

 Administrator

 Interner Kunde

 Qualitäter

 Schatz-meister

 Team-sprecher

 Ich

Kapitel

6

Führung in Komplexität:
Was bleibt – und was es braucht

Praktische Empfehlungen
für dynamikrobuste Führungsarbeit

Führung als Mitarbeiterführung: Wenn es so einfach wäre!

In seinem Buch „Change or Die" beschreibt Alan Deutschman prägnant und unter Zuhilfenahme wissenschaftlicher Erkenntnisse aus verschiedensten Lebensbereichen, wie Menschen Zugang zu Veränderung bekommen – und wie nicht. Er unterscheidet zwischen den „Drei F" und den „Drei R".

Die „Drei F" – geübt, bekannt, untauglich:

Facts: „Harte Fakten sprechen logischerweise für sich."

Fear: „Angst vor Konsequenzen gibt den emotionalen Schub."

Force: „Druck durch formelle Macht, Kontrolle oder Anreize sichern das Vorgehen."

Die Anwendung der „Drei F" führt sicher zu direkten Ergebnissen: Überforderung, Entmutigung, Frust. Erzeugt wird durch einen solchen, mechanistischen Zugang zu Veränderung letzten Endes Verhaltenskontrolle und Konditionierung. Also Mitarbeitergängelung. Nicht aber Lernen.

Die „Drei F" sind typisch für hierarchische Führung, basierend auf formellen Machtbeziehungen oder Weisung und Kontrolle. Sie sind auch typisch für konventionelle Formen von Change Management oder Schule.

Die „Drei F" folgen einer mechanistischen „Wenn-dann"-Logik: Sie sind Symptom des Versuchs, einem komplexen Problem – Lernen und Veränderung – mit komplizierten Mitteln beizukommen. Die Vorstellung von der Führungskraft als Vorbild beruht auf dem gleichen Irrtum.

Würden die „Drei F" funktionieren, dann wären Schulungen und Kurse die Lösung.

Führung als sozialer Prozess: Komplex, aber dafür echt

Es gibt noch eine andere Herangehensweise an Veränderung.

Mit den „Drei R" reale Lernbedingungen schaffen:

Relate: Beziehung herstellen; Menschen wollen koppeln – an eine Person oder eine Gruppe. Bezug an jemanden, der Veränderung schlüssig verkörpert oder daran glaubt.

Repeat: Wiederholung sicherstellen. Ohne Lernen geht es nicht. Neue Verhaltensweisen und Skills wollen ernsthaft ausgebildet, geübt und vertieft werden. Im realen Leben.

Reframe: Neueinordnung schaffen. Neue Wege des Denkens über die vorliegende Herausforderung entstehen und festigen sich. Verinnerlichtes, sicheres neues Handeln ist dann möglich.

Führung im Sinne der „Drei R" heißt, systemisch auf Menschen und deren Umfeld Einfluss zu nehmen. Unter Berücksichtigung von Individualität und Wertschöpfungsstruktur. Erst die Begleitung dieses Prozesses führt zu echten Ergebnissen.

Führung, die Komplexität berücksichtigt, hat also weniger mit der Person der einzelnen Führungskraft zu tun, sondern wird zu Führungsarbeit als sozialem Prozess. Die „Drei R" nehmen Führungsarbeitern nicht die Verantwortung ab. Sie machen Führungsarbeit aber viel anspruchsvoller, denn die „Drei R" werden der Tatsache gerecht, dass Lernen nicht trivial ist. Sondern komplex.

Man kann nicht gleichzeitig führen und hierarchische Macht ausüben.
In Komplexität gewinnt Führung als sozialer Prozess, als Systemeigenschaft an Bedeutung.

Machen Sie Führungsarbeit zu Arbeit am System

Führung und Selbstorganisation sind in komplexen Systemen ein natürliches Phänomen. Eine Führungskraft zu haben dagegen nicht. Steuerung ist in Komplexität keine interne Funktion: Eine richtig gezogene Organisationsgrenze und der externe Markt sorgen für Steuerung.

Führung sollte also vorrangig auf die Arbeit am System gerichtet sein, auf das Spürbar-Machen des Markzugs innerhalb der Organisation durch Transparenz und Dialog, sowie auf Selbstorganisation und Gruppendruck.

Richtig verstanden ist Führung in Komplexität Arbeit am System, nicht Arbeit an Menschen.

Fördern Sie eine Kultur, in der gemeinsame Ergebnisse gefeiert werden

Machen Sie Teamleistung für alle dauerhaft sichtbar, – nur Ergebnisse, nicht Inputs! – um eine teambasierte „Kultur des gemeinsam Gewinnens" zu erzeugen.

Versuchen Sie niemals, Individualleistung zu managen – denn individuelle Leistung gibt es einfach nicht. Hören Sie auf, Arbeitszeit zu managen oder individuelles Verhalten zu kontrollieren: Der Behaviorismus hat sich schon vor langer Zeit als wirkungslos und falsch erwiesen.

Was stattdessen funktioniert: Die anpassungsfähigsten und erfolgreichsten Unternehmen setzen auf eine Kultur, in der „jeder Spaß haben kann, während wir gemeinsam am Markt gewinnen".

Das ist nicht zu erreichen, indem man das Verhalten des Einzelnen zu kontrollieren versucht.

Erfolg in Komplexität:
Den positiven Wirkungskreis
zwischen den Anspruchsgruppen schließen

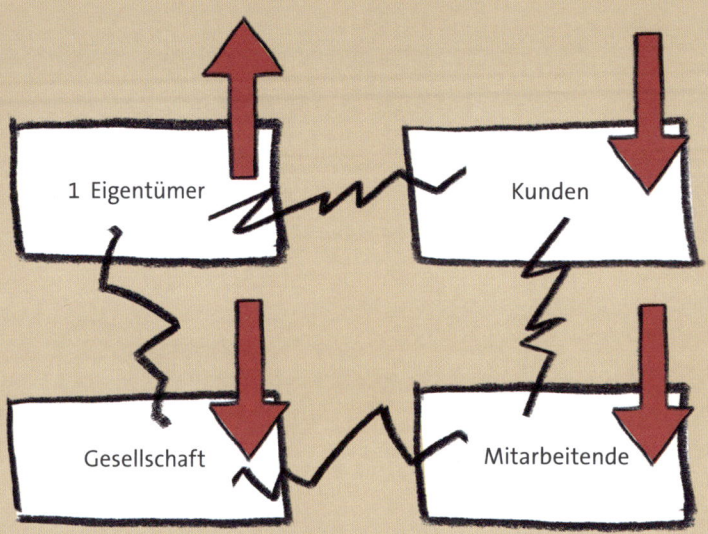

Alpha-Glaubenssatz:

„Die verschiedenen Anspruchsgruppen einer Organisation sind zu ewigem Konflikt untereinander verdammt. Darum müssen wir in jeder Situation einer bestimmten Anspruchsgruppe den Vorrang vor den anderen geben: Im Zweifel sind das die Eigentümer oder Shareholder. Manchmal stehen auch Kunden an erster Stelle. Sagen wir jedenfalls. **Erfolg ist, wenn kurzfristig maximaler Gewinn oder Shareholder Value entstehen.**"

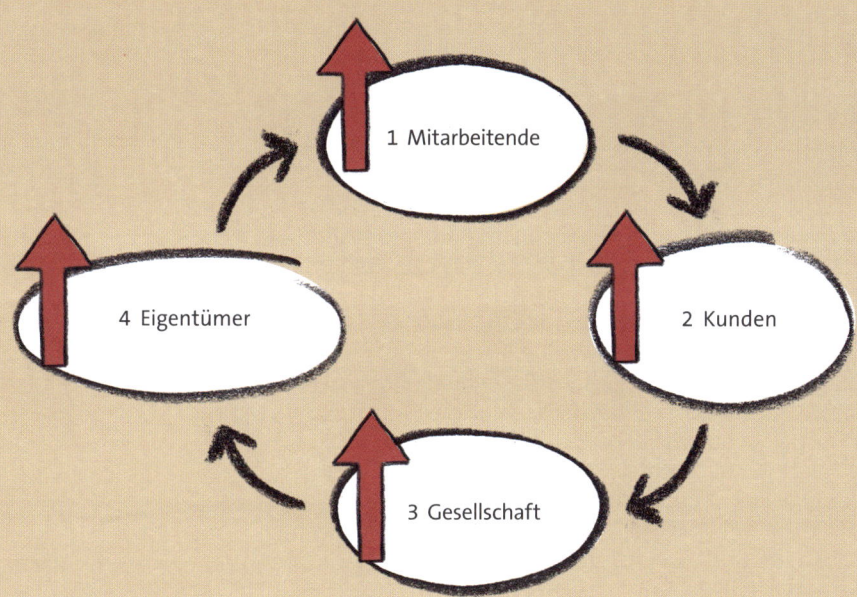

Beta-Glaubenssatz:

„Die Interessen der Anspruchsgruppen sind miteinander verflochten und voneinander abhängig:
Erfolg entsteht dann, wenn ein positiver Wirkungskreis zwischen der Wertschöpfung für Mitarbeiter, Kunden, Gesellschaft und Eigentümern erzeugt wird. Dieser
Kreis kann nur bei den Mitgliedern der Organisation beginnen – Wertschöpfung
geht von ihnen aus. Sie stehen an erster Stelle. Der Wirkungskreis darf nicht auf
Kosten der einen oder anderen Gruppe gebrochen werden. **Erfolg ist, wenn dauerhaft überlegene Wertschöpfung für alle Anspruchsgruppen entsteht.**"

Gewinnmaximierung und Shareholder-Value-Theorie sind mechanistische und letztlich gesell-
schaftsfeindliche Dogmen. Erfolg ist kein Nullsummenspiel. Und auch nicht „Win-Win".

Führung ist:
Auf informelle Struktur Einfluss nehmen

Informelle Strukturen können positive Kraft entwickeln, die Organisationen vor Versagen schützt. Ein Phänomen wie Solidarität etwa kann nur aus informeller Struktur erwachsen.

Der erste Schritt zu wirkungsvoller Führung als Einflussnahme auf informelle Strukturen ist, sie überhaupt sehen und zulassen zu wollen. Sie nicht als Küchengeschwätz abzutun. Viele heutige Führungskräfte sehen sich nicht als Teil informeller Struktur. Oder betrachten sie als illegitim. Das ist ein Denkfehler.

Wenngleich informelle Struktur nicht gezielt gestaltbar ist und sie sich zu weiten Teilen der Beobachtung entzieht, so lässt sie sich doch „prinzipiell konstruktiv" stimulieren. Wer in ein System aufgenommen wird, beeinflusst soziale Struktur wesentlich. Bewusst gepflegte Rituale ebenfalls. Information für alle schnell und einheitlich verfügbar zu machen, also höchste Transparenz zu befördern, ist ein oft unterschätzter Einflussfaktor. Oder auch: Großartige Arbeitsplätze und -umgebung für alle zu schaffen – so wie Google das der Welt vorexerziert hat.

Informelle Wissensforen, „Meisterlogen" und Communities of Practice zu betreiben (statt üblicher Konferenzen und Frontalveranstaltungen) ist ein weiterer Stellhebel. Und wirksamer als Personalentwicklung ist, Lernprozesse zu inszenieren, in denen Bewusstsein für die eigene Person und andere, für Kommunikation und Teameffektivität erhöht wird.

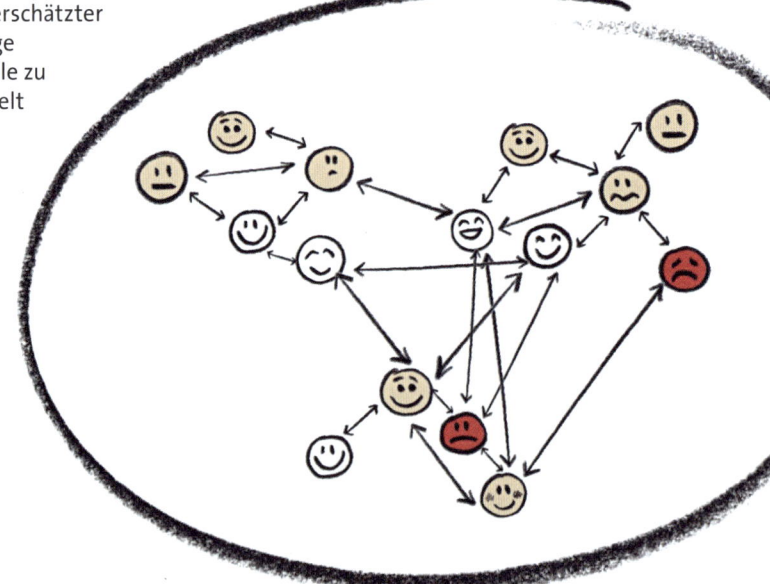

Führung ist:
Auf Wertschöpfungsstruktur Einfluss nehmen

Führung gibt nicht Ziele vor, sie errichtet keine Leitplanken. Das ist Management. Beziehungsweise: Führung als Position. Führung ist aber eine Form der Arbeit, keine Stelle. Die Arbeit besteht darin, kollektiv einen Handlungsraum aufzuspannen, eine Sphäre der Geschäftstätigkeit, in der Wertschöpfung entstehen kann. Durch Führung sind Gummibänder da, in denen Einzelne und Teams unternehmerisch handeln. Miteinander füreinander leisten. Da ist nichts Fixiertes.

Führung in Beta ist nicht mehr gleichbedeutend mit der Macht, Entscheidungen zu treffen. Entscheidungsrecht „springt" dorthin, wo Probleme sind: Jede Entscheidung soll vom jeweils passenden Könner getroffen werden.

Was bleibt? Gemeinsame Arbeit an der Sphäre der Geschäftstätigkeit, an Prinzipien, Geschäftsmodell und Organisationsmodell zu organisieren. „Identitätsarbeit" zu organisieren. Extern zu repräsentieren und die richtigen Leute anzuziehen. Beziehungen zwischen Zellen zu agilisieren. Konflikte zu moderieren. Sichtbarkeit von Ergebnissen zu gewährleisten. Könnerschaft und Meisterschaft ohne Machtanspruch zu installieren.

Führung findet in zwei Strukturen statt. Und sie verändert diese Strukturen.

Recruiting und Auswahl als Königsdisziplin von Führung: Die richtigen Akteure an Bord holen und befördern

Im Lauf der Jahrzehnte sind ganze Auswahl- und Beurteilungsindustrien entstanden. In Komplexität werden sie zu einem Teil des Problems. Stark formalisierte, standardisierte, entsozialisierte Prozesse der Personalauswahl und Beförderung sind die Regel geworden. Chefs und Personaler teilen Verantwortung unter sich auf, teilweise unterstützt von Assessment-Psychologen. Das führt zur Überbetonung scheinobjektiver, leicht beobachtbarer Selektionskriterien - insbesondere von Verhaltensmerkmalen, „Skills" und Kompetenzen.

Wenn Verhaltensnormierung und individuelle Kompetenzen in Auswahl und Beförderung dominant werden, folgen daraus zwangsläufig geringe Diversität, chronischer Mangel an kulturellem „Fit" zwischen Neuzugängen und ihren Teams, sowie die Erzeugung einer Hierarchie der Inkompetenz („Zur Absicherung sorge ich für Leute unter mir, die etwas schlechter sind als ich.").

Recruiting wird in Beta als die vielleicht „heiligste" Führungsaufgabe überhaupt interpretiert. Selbst intensiv an Auswahl beteiligt zu sein, ist eine Frage der Ehre. Es ergeben sich sozial dichte Selektionsprozesse: Kollegen rekrutieren Kollegen. Statt Repräsentanten der formellen Struktur werden Akteure der informellen und der Wertschöpfungsstruktur Auswahlentscheidungen im Team verantworten. Geringe Formalisierung und starker Dialog im Prozess verleihen hier auch schwer beobachtbaren Faktoren wie „Haltung", „kultureller Fit" und „Passung zum Team" Gewicht bei der Entscheidung. Viele Akteure (z.B. fünf, acht oder mehr) sind an jedem Auswahlprozess beteiligt, jeder der an einem Prozess Beteiligten kann Kandidaten (begründet) disqualifizieren bzw. ausschließen.

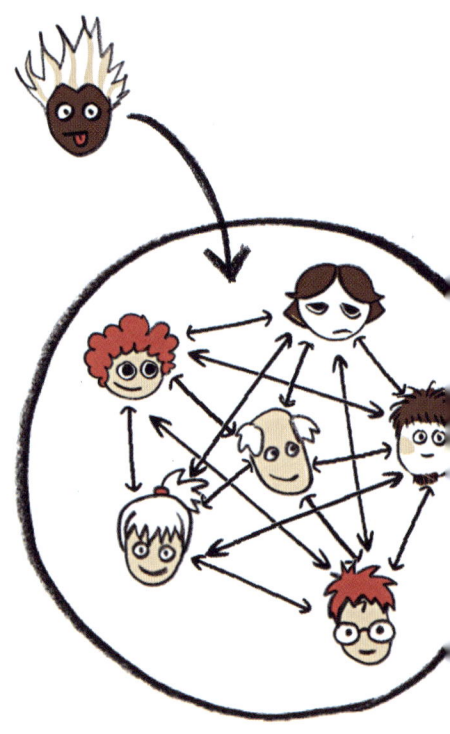

Recruiting und Beförderung sind unternehmerische Schlüsselentscheidungen. Gute Auswahl erkennt man daran, dass sie zeitaufwendig ist.

Setzen Sie sich für Selbstentwicklung und Könnerschaft ein

Man kann Menschen nicht entwickeln – aber das braucht man auch nicht.

Eine Organisation sollte Rahmenbedingungen und Foren für persönliche Weiterentwicklung schaffen und außerdem dafür sorgen, dass Führende der Selbst-Entwicklung nicht durch Kontrollbedürfnis oder bewusste Einengung im Wege stehen: Individuelles Können ist die einzige sinnvolle Möglichkeit, Probleme in komplexem Umfeld zu lösen.

Wir neigen dazu, die Bedeutung von „Talent" zu überschätzen und systematisches, diszipliniertes Lernen zu unterschätzen. Zugleich überschätzen wir Training im Klassenraum und unterschätzen Lernen, das in den (Arbeits-)Alltag integriert ist. Wir überschätzen formelle Anweisung und unterschätzen informellen Austausch und dialogisches Netzwerken.

Trainingsbudgets sind nur für Kontrollzwecke zu gebrauchen – nicht für die Erzeugung von Lernen. Darum sollte man auf sie verzichten – und Lern-Ressourcen denjenigen verfügbar machen, die lernen wollen. Dann, wenn sie lernen wollen.

Praktizieren Sie durchgängige, „radikale" Transparenz

Information ist für unternehmerisches Verhalten, was Sauerstoff für den menschlichen Körper ist. In einer Organisation, in der schneller und einfacher Zugang zu Informationen fehlt – auch in Bezug auf Teamleistung und finanzielle Kennzahlen – werden Teams und deren Mitglieder im Dunkeln irren. Transparenz ist, wie Licht anschalten.

Transparenz sorgt für Ansporn, für ein gesundes Maß an Wettbewerb und für sozialen Druck in Organisation und Teams.

„Offene Bücher" gehören dazu. Wer sich beim Thema offene Bücher und Transparenz instinktiv Gedanken über mögliche Gefahren macht, der sollte noch einmal über Einstellungspolitik und Menschenbild nachdenken. Es ist Zeit, das zu tun.

Transparenz ist die neue Kontrolle.

Machen Sie Ziele, Messung und Vergütung „relativ"

In dynamischen Märkten sind Zukunftsprognosen unmöglich. Planung wird zu einem gefährlichen Ritual.

In Wissensberufen funktioniert zudem Anreizung mithilfe von Belohnungen (der „Karotte vor der Nase") nicht mehr. Sie mündet immer in Demotivierung: Belohnung und Bestrafung – beide beeinflussen Engagement und Teamgeist negativ.

Der Umgang mit Zielen, Performancemessung und Vergütungssystemen muss sowohl die Komplexität in der Wertschöpfung als auch die Natur des Menschen berücksichtigen.

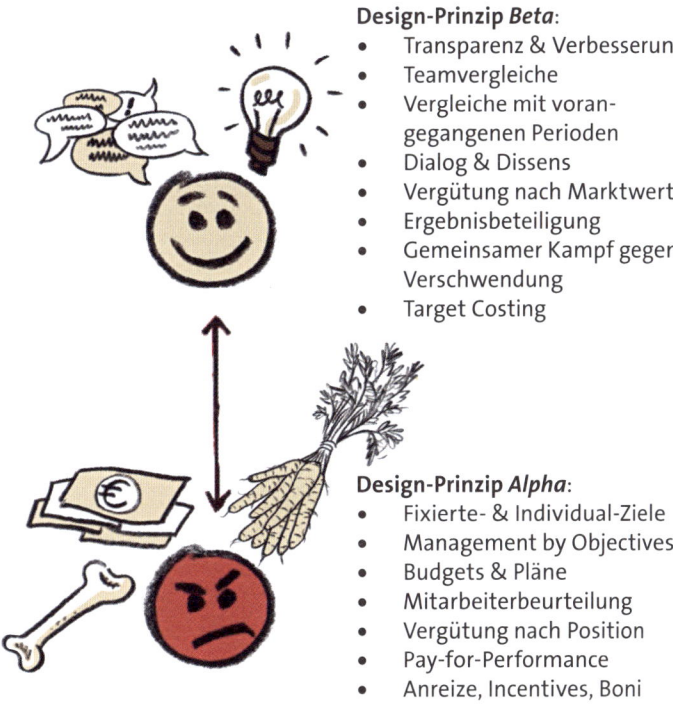

Design-Prinzip *Beta*:
- Transparenz & Verbesserung
- Teamvergleiche
- Vergleiche mit vorangegangenen Perioden
- Dialog & Dissens
- Vergütung nach Marktwert
- Ergebnisbeteiligung
- Gemeinsamer Kampf gegen Verschwendung
- Target Costing

Design-Prinzip *Alpha*:
- Fixierte- & Individual-Ziele
- Management by Objectives
- Budgets & Pläne
- Mitarbeiterbeurteilung
- Vergütung nach Position
- Pay-for-Performance
- Anreize, Incentives, Boni
- Kostenmanagement

Der Grad der Sinnkopplung in der Arbeit sollte das Verhalten prägen – nicht Prognosen, Ziele, Zahlen, Zwang, Manipulation oder Kontrollprozesse.

Ein besserer Weg, in Komplexität Entscheidungen zu treffen

Konsequente Dezentralisierung von Entscheidungen in einer Netzwerkstruktur macht Bindemittel zwischen Akteuren und Teams zwingend erforderlich. Konsultation ist ein solches Mittel. Noch besser ist es, konsultativen Einzelentscheid zum Prinzip zu erheben.

Wie wir gesehen haben, ist hierarchische Entscheidung („Chefs genehmigen") in Komplexität wenig effektiv. Die nahe liegende, bekannte Alternative, Entscheidungen in Komitees und Versammlungen als Konsens- oder Mehrheitsentscheide herbeizuführen, ist weder effizient noch praktikabel: Sie befeuert Bürokratie und Verschwendung. Dynamikrobuste Netzwerkorganisationen brauchen leistungsfähigere Entscheidungsmechanismen als diese.

Konsultation bezeichnet allgemein das Einholen von Information und Ratschlägen vor Entscheidungen. Ärzte sind unter bestimmten Bedingungen zur Konsultation untereinander verpflichtet, Anwälte ebenso.

In allen Organisationen mit konsequent dezentralisierter Entscheidung findet sich das Prinzip ebenfalls. **Sie nennen es Beratschlagung, Ratschlagsprozess (AES), Beratung (dm-drogerie markt), Empfehlung, „Waterline" (W.L.Gore) oder „Nemawashi" (Toyota).**

Was die Konsultation vom Dialog unterscheidet: Konsultation beginnt mit einem spezifischen Entscheidungsfall; bei Konsultation entscheidet genau ein zu Beginn festzulegender Entscheider; Konsultation ist nicht freiwillig: Sie ist Pflicht.

So funktioniert „Konsultativer Einzelentscheid"

① Gruppe:
„Wer ist der Entscheider?"
Folgt der Prämisse: „Chefs sollen möglichst wenig selbst entscheiden"; spitzt Problem zu; wählt Entscheider nach Kriterien aus wie: Betroffenheit, Nähe zum Problem, Ideenfinder-Qualität, ...

② Entscheider:
„Wen konsultiere ich?"
Weiß, dass Konsultation Pflicht ist; sucht Hilfe bei den am besten geeigneten Experten – beliebigen Kollegen, internen Spezialisten, externen Experten, Beratern, Vorgesetzten, je nach Bedeutung zusätzlich Vorstand; ist verantwortlich für Auswahl der internen/externen Konsultationspartner

③ Entscheider und Konsultierte:
„Welches sind die Optionen?"
Führen „konsultative Dialoge"; tauschen Wissen aus; generieren Ideen; grenzen Entscheidungsfeld ein; lernen voneinander und verändern sich gemeinsam

④ Entscheider:
„Welche Auswahl treffe ich?"
Übernimmt volle Verantwortung; sucht unter Berücksichtigung der Ideen und Ansichten beste Lösung aus; begleitet Folgen der Entscheidung; verteidigt ggf. die Entscheidung oder modifiziert sie später

⑤ Gruppe: „Was können wir besser machen?"
Steht gemeinsam hinter der Entscheidung, ohne Individualverantwortung zu unterhöhlen; feiert gemeinsam, gibt Feedback; „übt Vergebung", falls nötig; erinnert sich später in ähnlichen Situationen des Erlebten

Konsultation ist Vorschlagswesen auf den Kopf gestellt.

Auf einen Blick: 12 Gesetze für komplexitäts-robuste Führung und Organisation – ein Kodex von Gestaltungsprinzipien für dieses Jahrhundert

	Gesetz	Beta	Alpha
§1	Handlungsfreiheit	Sinnkopplung	statt Abhängigkeit
§2	Verantwortung	Zellen	statt Ab-teilungen
§3	Leadership	Führung	statt Management
§4	Leistungsklima	Ergebniskultur	statt Pflichterfüllung
§5	Erfolg	Passgenauigkeit	statt Maximierungswahn
§6	Transparenz	Intelligenzfluss	statt Machtstau
§7	Orientierung	Relative Ziele	statt Vorgabe
§8	Anerkennung	Teilhabe	statt Anreizung
§9	Geistesgegenwart	Vorbereitung	statt Planung
§10	Entscheidung	Konsequenz	statt Bürokratie
§11	Ressourceneinsatz	Zweckdienlichkeit	statt Statusgehabe
§12	Koordination	Marktdynamik	statt Anweisung

**Alpha und Beta basieren auf Kodizes, deren Gesetze jeweils interdependent sind.
Bei heutiger Dynamik (und mit Theorie-Y-Menschen an Bord) führt Beta-Praxis zu überlegener Leistung.**

Kapitel

7 Stecken bleiben oder transformieren: Zeit für einen Entwicklungssprung

Wie tiefgreifende Veränderung von Organisationen funktioniert

Transformation des Organisationsmodells: Notwendigkeit und Herausforderung

Wenngleich tayloristisches Management oder „Alpha" bis heute so etwas wie das Standardmodell der Unternehmensführung ist, so ist es dennoch nur das Modell der Vergangenheit: Wie wir gesehen haben, hat die Welt sich bereits verändert – hohe Komplexität in der Wertschöpfung ist zur Normalität geworden.

Für jede bestehende, ältere Organisation stellt sich damit die Frage: Können wir uns transformieren? Oder müssen wir das gar? Und wenn ja: Wie kommt man dann von Alpha nach Beta?

Für jüngere Organisationen stellt sich die Frage: Wie können wir Alpha vermeiden und umgehen – und uns ein unternehmerisches Organisationsmodell bewahren?

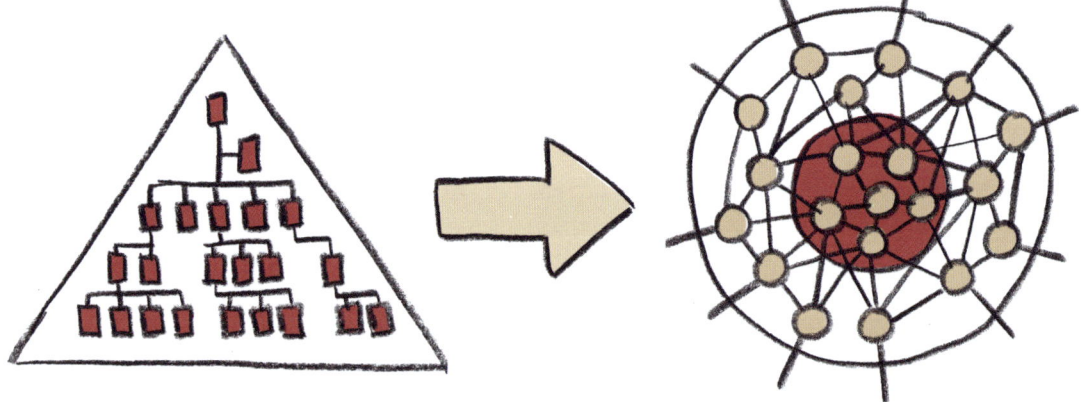

Optimierung, Verbesserung im bestehenden Modell oder auch „Management-Innovation" führt nicht von Alpha nach Beta. Sondern nur Arbeit am Modell.

Die Veränderungs-Lernkurve nach Weisbord

Eine hilfreiches Modell zur Unterscheidung von Veränderungs-Mindsets und -Ansätzen stammt von Marvin Weisbord. Es zeigt auf, dass vier unterschiedliche Grundhaltungen zu Organisations-Veränderung existieren. Die nötigen Veränderungs-Werkzeuge entstanden zusammen mit diesen Denkmodellen sukzessive, und in bestimmten historischen Kontexten. Für Transformation zu Beta hin ist nur der letzte Ansatz ausreichend: Systemarbeit, organisiert als sozialer Prozess.

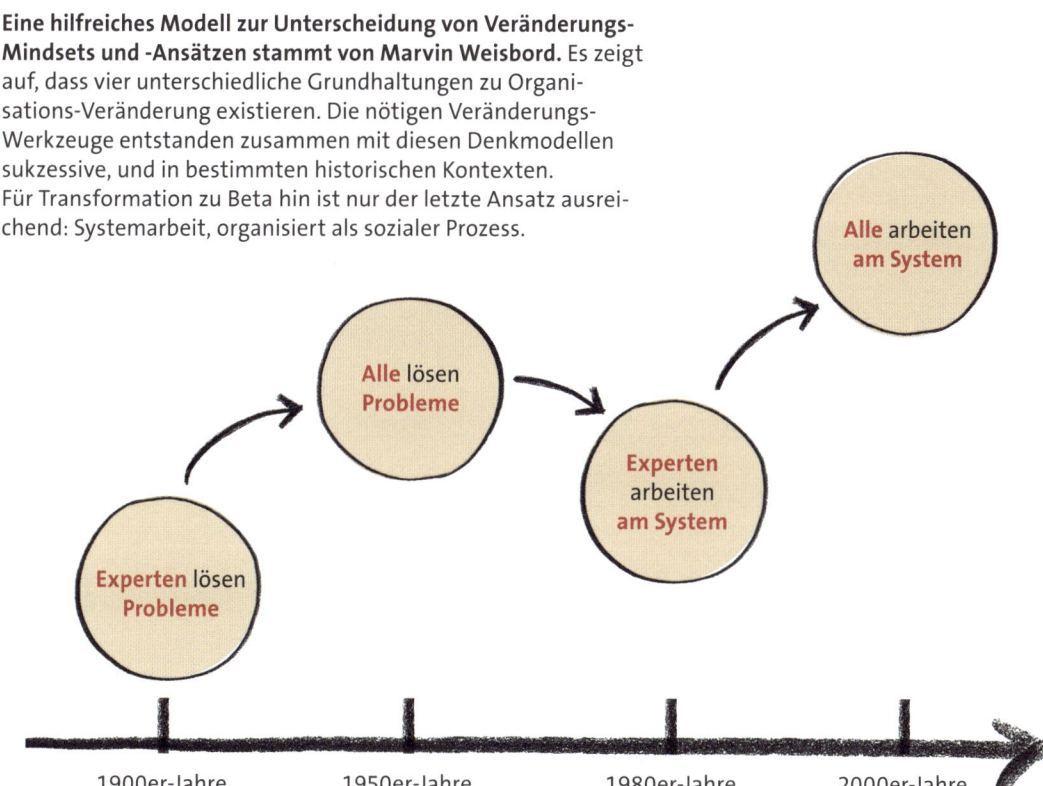

Experten lösen Probleme — 1900er-Jahre

Alle lösen Probleme — 1950er-Jahre

Experten arbeiten am System — 1980er-Jahre

Alle arbeiten am System — 2000er-Jahre

Die Technologie für Veränderung als gemeinsame Arbeit am System ist erst in den letzten Jahrzehnten entstanden und gereift.

Evolutionstheorie für Organisationen: Transformation als Teil organisationaler Normalität

Organisationen werden nicht im Alpha-Modus geboren.
Sie entwickeln oder transformieren sich dorthin.

Der Ökonom Friedrich Glasl erklärt dieses Phänomen mit einem Entwicklungsphasen-Modell: Angelehnt daran gibt es drei Phasen organisationaler Evolution und drei Arten von Transformation.

Alpha ist in diesem Sinne ein bis heute typischer Entwicklungsschritt von Organisationen: Nur wenige Unternehmen schaffen es bislang, diese Phase vollständig zu vermeiden.

Alpha ist ein üblicher, aber nicht zwangsläufiger Entwicklungsschritt im Lebenszyklus einer Organisation.

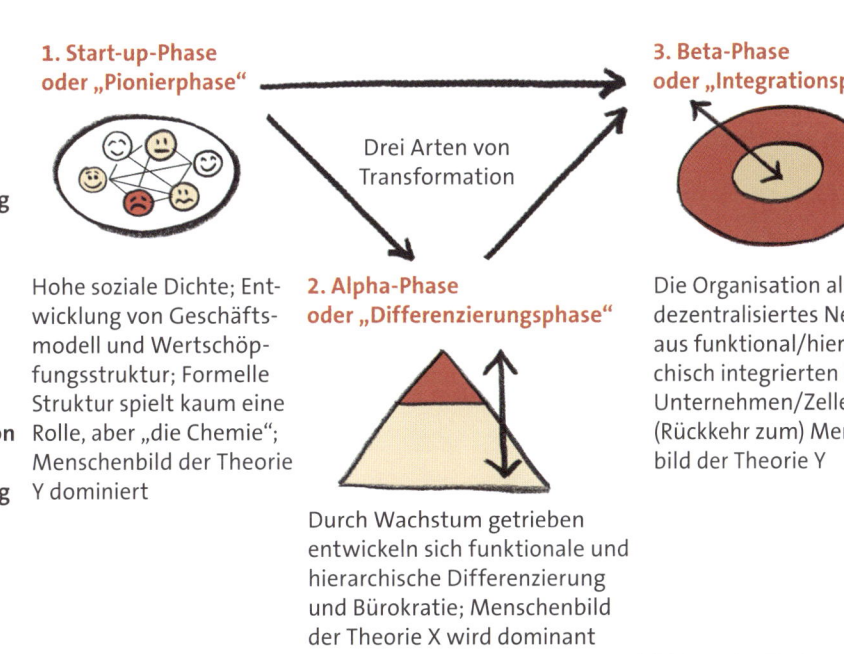

1. Start-up-Phase oder „Pionierphase"

Hoher Grad von Entscheidungs-Dezentralisierung

Drei Arten von Transformation

3. Beta-Phase oder „Integrationsphase"

Hohe soziale Dichte; Entwicklung von Geschäftsmodell und Wertschöpfungsstruktur; Formelle Struktur spielt kaum eine Rolle, aber „die Chemie"; Menschenbild der Theorie Y dominiert

Geringer Grad von Entscheidungs-Dezentralisierung

2. Alpha-Phase oder „Differenzierungsphase"

Die Organisation als dezentralisiertes Netzwerk aus funktional/hierarchisch integrierten Mini-Unternehmen/Zellen; (Rückkehr zum) Menschenbild der Theorie Y

Durch Wachstum getrieben entwickeln sich funktionale und hierarchische Differenzierung und Bürokratie; Menschenbild der Theorie X wird dominant

Gründung   junge Organisation   ältere Organisation   **Zeitachse**

Die drei Arten von Transformation: Wie Organisationen Alpha werden – und wie sie davon loskommen

Die drei Arten von Transformation nennen wir „Bürokratisierung", „Vertiefung" und „Beta-Transformation".

Weil in dynamischer Umgebung zentralistische Steuerung zum Problem wird, brauchen jüngere, wachsende Unternehmen Vertiefung – durch Weglassen der Alpha-Phase.

Fast alle größeren, älteren Organisationen brauchen Beta-Transformation – also funktionale und hierarchische Integration, kombiniert mit Dezentralisierung von Entscheidung. Sie müssen sich noch einmal transformieren.

Fast alle Organisationen haben eine Transformation hinter sich – oder befinden sich mittendrin.

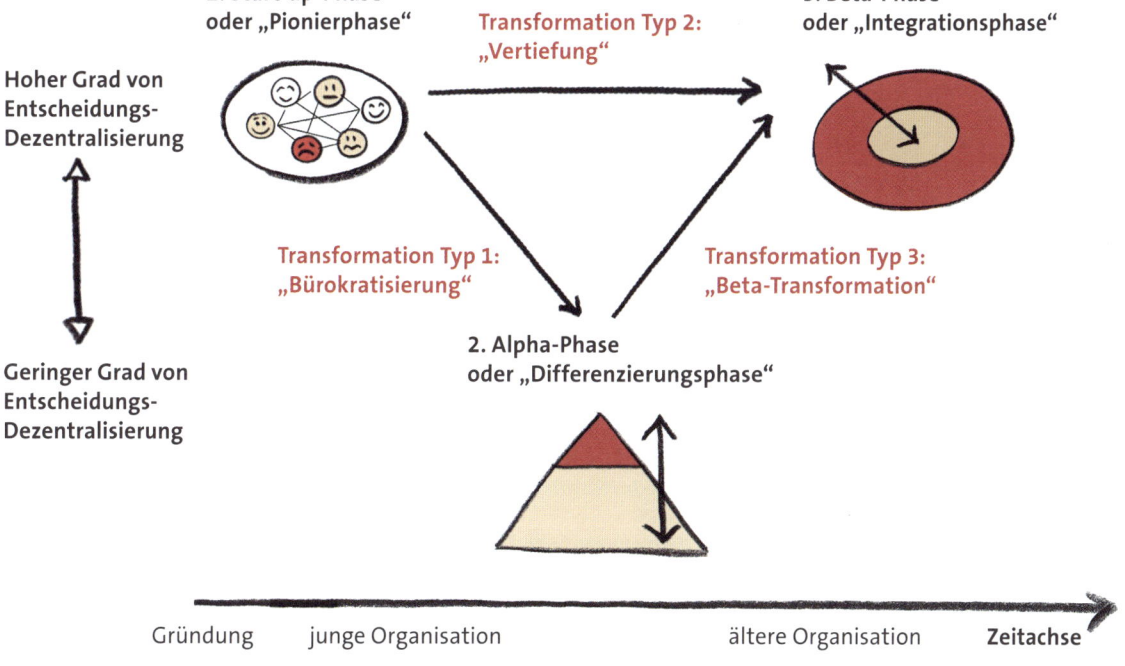

1. Start-up-Phase
oder „Pionierphase"

Transformation Typ 2:
„Vertiefung"

3. Beta-Phase
oder „Integrationsphase"

Hoher Grad von
Entscheidungs-
Dezentralisierung

Transformation Typ 1:
„Bürokratisierung"

Transformation Typ 3:
„Beta-Transformation"

Geringer Grad von
Entscheidungs-
Dezentralisierung

2. Alpha-Phase
oder „Differenzierungsphase"

Gründung   junge Organisation   ältere Organisation   **Zeitachse**

Vom tollen Start-up zur gewöhnlichen Alpha-Bude:
Das Phänomen Seitenwindanfälligkeit

Den Grund, warum bis heute fast alle Organisationen in der Alpha-Phase landen, nennen wir Seitenwindanfälligkeit.
Start-ups sind „naive Beta-Organisationen". Sie verfügen selten über präzises Wissen darüber, was sie erfolgreich macht. Und schreiben ihren Erfolg und ihre Höchstleistung gerne Produkten oder einem dem Anschein nach überlegenen Geschäftsmodell zu.

Früher oder später wird jedes erfolgreiche, wachsende Start-up durch externe Dynamik in Zentrum und Peripherie zerlegt. Es reagiert darauf entweder mit Hierarchisierung und funktionaler Differenzierung – das ist der Weg in die Alpha-Phase. Oder mit Vertiefung des Beta-Organisationsmodells durch sukzessive Zellteilung.

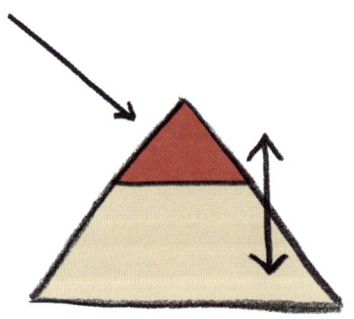

Bürokratisierung geschieht fast immer überraschend. So wie eine starke Windböe einen Radfahrer quasi aus dem Nichts umfegen kann. Auslöser ist das eigene Wachstum, aber auch Krisen. Dann erfolgt der Schrei nach „Professionalisierung": Fremde Best Practices werden kopiert, Berater geholt, Prozesse und Regeln aufgestellt, formelle Strukturen eingezogen, um dem vermeintlichen „Chaos" zu begegnen. Mithin: Viele heute nutzlose Alpha-Prinzipien und -Glaubenssätze eingepflanzt. Alle anderen machen es ja auch so.

Beta-Transformation kann im Gegensatz zu Bürokratisierung nur bewusst betrieben werden. Dafür gibt es Gründe. Bis heute ist Alpha der Standard: Alpha-Repertoire kann überall gelernt und geübt werden. Zudem ist das kollektive Unbewusste noch vordemokratisch geprägt: Beta erfordert aber Umgang mit Macht und Kommunikation auf höherem Komplexitäts-Niveau. Dies ist nicht gelernt, es entspricht nicht den Reflexen.

Alpha wird durch Seitenwind befördert. Beta nicht.

Erste Schritte für Vertiefung und Beta-Transformation: Machen Sie 1. die Dringlichkeit wahrnehmbar

Dringlichkeit ist die emotionale Erkenntnis, dass sofortiges gemeinsames Handeln notwendig ist. Emotional. Sofort. Gemeinsam. Die meisten Organisationen haben nie gezielt Veränderung betrieben, die auf diesen Prinzipien beruht.

Wie wir anhand der „Drei F" und „ Drei R" gesehen haben, reicht es für Veränderung nicht aus aufzuzeigen, was getan werden muss. Oder dass die Lage schrecklich ist. Es ist auch Unsinn zu behaupten, dass (nur) Krisen Veränderung erzeugen. Soll Veränderungsenergie entstehen, müssen Menschen nämlich zusätzlich davon überzeugt sein, dass eine bessere Zukunft möglich ist. Das hat mit Erkenntnis, mit Appellen oder „Lösungen" nicht viel zu tun.

Suchen Sie also anfangs nicht nach Antworten. Beauftragen Sie keine Studien. Reduzieren Sie Veränderungsnotwendigkeit nicht auf Kosten oder Einsparungen. Versuchen Sie, den Problemkern emotional zu fassen. Und für alle aufzuzeigen, wieso der Wandel nicht aufschiebbar ist. Warum er außerdem weder hinter verschlossenen Türen ausgeheckt, noch vom Top-Management oder gar Beratern allein betrieben werden kann.

Dass sie der richtigen Formulierung der Dringlichkeit auf der Spur sind, erkennen Sie daran, dass Wörtchen wie „Wir", „Jetzt" und „Zusammen" ins Spiel kommen. Und sich die Dringlichkeit auch bildlich aufbereiten lässt.

Dringlichkeit ist mehr als über Fakten reden.

Finden und vereinen Sie 2. die Kerngruppe zu einer „Koalition für den Wandel"

Jede soziale Gruppe oder Organisation einer gewissen Größe hat eine Kerngruppe: Eine Gruppe von Akteuren, „auf die es wirklich ankommt". Diese Gruppe ist ein Element informeller Struktur. Für Transformation muss sich diese Kerngruppe – oder ein relevanter Teil von ihr – positiv zueinander stellen und die Führung des Veränderungsprozesses übernehmen. Oder es muss sich eine neue, modifizierte Kerngruppe zusammenfinden, die den Wandel führt, einen Pakt für Veränderung miteinander schließt.

Der Change-Experte John Kotter hat den Prozess der Formierung einer solchen Kerngruppe in einigen seiner Bücher beschrieben, darunter in der Fabel „Das Pinguin-Prinzip". Er nennt die Kerngruppe die „Koalition für den Wandel".

Die Koalition muss Unterschiedlichkeit beinhalten. Unterschiedliche Niveaus formeller Macht und informellen Einflusses; unterschiedliche Rollen; unterschiedliche Präferenzen; unterschiedliche Charaktere und kommunikative Stärken. Nur mit Unterschiedlichkeit und positiver Ergänzung untereinander kann die Kerngruppe die ganze Klaviatur der Transformations-Interventionen spielen und die Herausforderungen und Krisen in Transformation meistern.

Jede Organisation hat schon eine Kerngruppe. Für Beta-Transformation muss sie lernen, gemeinsam komplexe Veränderung zu führen. Ein Team zu werden.

Schreiben Sie 3. Ihrer Organisation einen Brief

Als Schutz vor Seitenwind und als ein Werkzeug zur Transformation empfiehlt sich die Selbstbeschreibung. Die Selbstbeschreibung als Verschriftlichung der Dringlichkeit ist das wirkungsvollste Vehikel, um die für Veränderung nötige Denk- und Kommunikationsarbeit zu organisieren. Sie ist ein idealer Kern für robuste Transformationsprozesse.

Wir nennen eine solche Selbstbeschreibung den „Brief An Uns Selbst". Sie können den Brief auch Ihr „Manifest" nennen. Oder die „Charta" für Ihr Unternehmen. **Jede Organisation jenseits der Start-up-Phase sollte irgendwann ein solches Dokument aufsetzen.**

Ein Brief An Uns Selbst kann einen Umfang von 20 bis 40 Seiten haben. Er lässt sich auch in Form eines kleinen Buchs gestalten. Im Brief geht es darum, auszubuchstabieren, warum die Veränderung jetzt dringend ist. Woher die Organisation kommt. Und wie eine bessere Zukunft für sie aussehen kann. Der Brief beschreibt also immer Vergangenheit, Gegenwart und Zukunft.

Übrigens: Organisationen können sich selbst nicht vollständig erkennen. Darum kann eine Selbstbeschreibung nur mithilfe von außen erarbeitet werden.

Gehen Sie 4. mit der Veränderungs-Energie, nicht gegen sie. Und: So begegnen Sie den zwei Formen von Widerstand

Organisationale Transformation als sozialer Prozess lebt davon, dass er von den Organisationsmitgliedern gemeinsam betrieben wird. Nicht aus einem Komitee heraus, also hinter verschlossenen Türen. Nicht von oben herab. Nicht von äußeren Akteuren. Damit das gelingen kann, muss die formelle Entscheidung für die Transformation so spät wie möglich getroffen werden. Sie findet erst statt, wenn praktisch alle an Bord sind und sich zur Dringlichkeit, zum Brief An Uns Selbst positionieren konnten.

Transformation kann nicht vorgeplant werden. Es muss Raum für Emergenz entstehen. Ein solcher Prozess lebt also von der Resonanz in der Organisation, die er selbst erzeugt.

Widerstand in Transformation ist natürlich. Es muss ihn geben: Sonst hätte die Organisation sich bereits wie von Zauberhand geleitet von selbst transformiert. Im hier beschriebenen, emergenten Ansatz zur Veränderung gibt es weniger den breiten und diffusen Widerstand, der für geplante Veränderung typisch ist. Dafür werden zwei grundlegende Formen von Widerstand relevant, die jeweils konsequente Bearbeitung verlangen.

Die erste Form ist von Eigeninteressen geleitet. Wir nennen sie Taktischen Widerstand. **Die zweite ist von Zukunftsangst und Unsicherheitsgefühlen geleitet.** Wir nennen sie Intuitiven Widerstand. Letztere lässt sich durch die „Drei R" bearbeiten und lösen. Erstere nicht.

Widerstand in Veränderung ist so natürlich wie Schwitzen im Spitzensport.
Mit einem emergenten Ansatz zur Veränderung ist Widerstand minimierbar und bearbeitbar.

Beta versus Alpha: Die Modelle im Vergleich

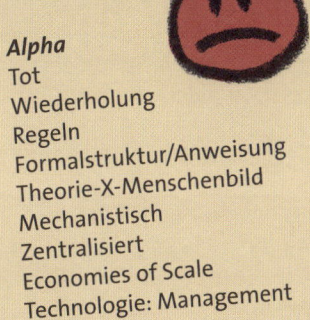

Beta
Lebendig
Überraschung
Prinzipien
Wertschöpfungsstruktur/-fluss
Theorie-Y-Menschenbild
Systemisch
Dezentralisiert
Economies of Flow
Technologie: Führung

Netzwerk-Zellen als „Mini-Unternehmen"
Außen-Innen-Wertschöpfungsbeziehungen/Pull
Stakeholder bilden einen Wirkungskreis
Mitarbeiter an 1. Stelle, Kunden an 2. Stelle
Externe Referenz „Markt" an der Macht
Funktionale Integration bestimmt Struktur
Informelle Struktur: gepflegt, hat Raum
Führung: dezentralisiert, temporär
Führende dienen Teams & dem Ganzen
Jeder muss wichtige Entscheidungen treffen
Konsultation verleiht Stabilität, ist Pflicht
Komplexitäts-robust: elegant, besser & billiger
Passgenau, beste Qualität & Kosten
Das Ganze ist die Summe der Interaktionen
So spät entscheiden wie möglich
Kollegen holen Kollegen an Bord
Team-basiert, Selbststeuerung, sozialer Druck
Radikale Transparenz
Relative Leistungsverträge, externer Vergleich
Ist-Ist-Vergleiche
Alle denken & handeln, immer
Erfolgsbeteiligung & Teilhabe
Gemeinsam Erfolge und Misserfolge feiern

Alpha
Tot
Wiederholung
Regeln
Formalstruktur/Anweisung
Theorie-X-Menschenbild
Mechanistisch
Zentralisiert
Economies of Scale
Technologie: Management

Funktionen, Ab-teilungen, Divisionen
Oben-Unten-Machtbeziehungen/Push
Stakeholderinteressen im ewigen Konflikt
Kunden an 1. Stelle! Eigentümer an 1. Stelle!
Interne Funktion „Management" an der Macht
Funktionale Teilung bestimmt Struktur
Informelle Struktur: unterdrückt
Führung: zentralisiert, an Position geknüpft
Chefs regieren per Weisung & Kontrolle
Manager: für Entscheidungen bezahlt
Prozesse verleihen Stabilität
Effizient: ausgelastet, schneller & billiger
Mehr, größer, Marktanteil
Das Ganze ist die Summe der Teile
So früh entscheiden wie möglich
HR und Chefs suchen Leute aus
Individualisiert, Fremdkontrolle, Bürokratie
Macht durch Information
Intern fixierte Leistungsverträge
Plan-Ist-Vergleiche
Strategisch versus Operational
Anreize & Bonussysteme
Belohnen & Bestrafen
Gehalt folgt Position

Transformation: Ein „Doppelhelix"-Prozess

Ein Prozessmodell zur Veränderung von Teams und ganzen Organisationen allein kann den Anforderungen von Beta-Transformation nicht gerecht werden. Es gibt nämlich eine weitere, zweite Dimension der Veränderung: Eine, die nicht mit der Organisation als sozialem Organismus zusammenhängt, sondern mit dem Veränderungs- oder Transformationsweg der einzelnen Akteure.

Wenn Kommunikations-Repertoires und -verhalten eines jeden Organisationsmitglieds sich wandeln müssen, dann bedarf echte organisationale Transformation einer weiteren Dimension: einer Vorgehensweise für persönliche, oder individuelle Veränderung.

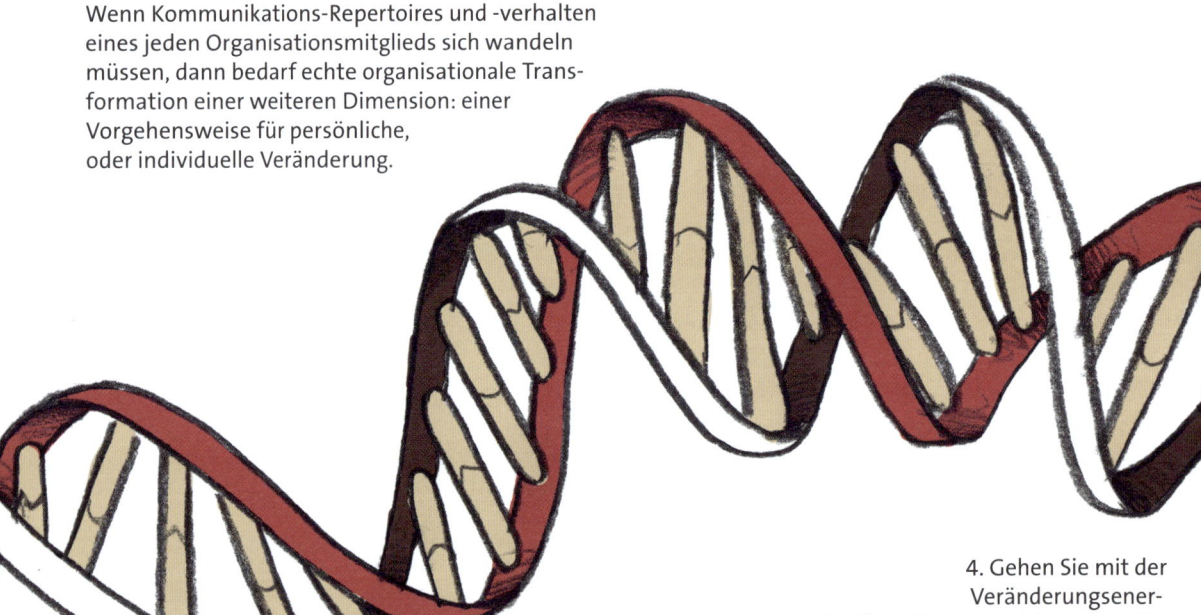

Organisationaler Veränderungsprozess

1. Machen Sie die Dringlichkeit wahrnehmbar

2. Finden und vereinen Sie die Koalition für den Wandel

3. Schreiben Sie Ihrer Organisation einen Brief

4. Gehen Sie mit der Veränderungsenergie, nicht gegen sie; gewinnen Sie Herzen und Köpfe; erzeugen Sie Bewusstsein durch „symbolische Akte"

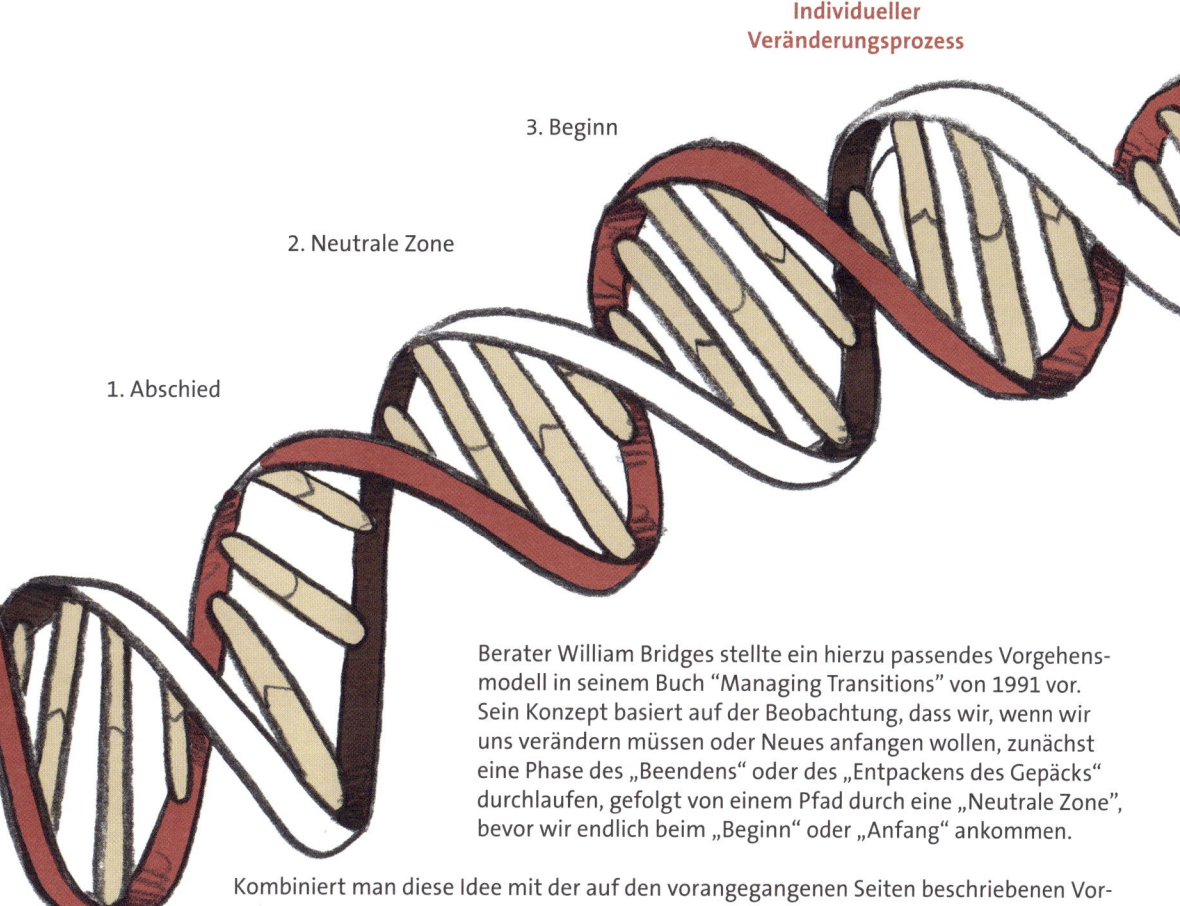

**Individueller
Veränderungsprozess**

3. Beginn

2. Neutrale Zone

1. Abschied

Berater William Bridges stellte ein hierzu passendes Vorgehens-
modell in seinem Buch "Managing Transitions" von 1991 vor.
Sein Konzept basiert auf der Beobachtung, dass wir, wenn wir
uns verändern müssen oder Neues anfangen wollen, zunächst
eine Phase des „Beendens" oder des „Entpackens des Gepäcks"
durchlaufen, gefolgt von einem Pfad durch eine „Neutrale Zone",
bevor wir endlich beim „Beginn" oder „Anfang" ankommen.

Kombiniert man diese Idee mit der auf den vorangegangenen Seiten beschriebenen Vorgehensweise, dann ergibt sich eine völlig neue Art von Rahmenmodell für Veränderung.
**Eines, in dem zwei verschiedene Dimensionen tiefgreifender Veränderung – organisa-
tional und individuell – eng miteinander verschlungen und unzertrennlich zusammen-
wirken.** Ein Doppelhelix-Modell für Transformation. Dieses Denkwerkzeug erlaubt eine
weitaus reichhaltigere und „realistischere" Wahrnehmung tiefgreifender Veränderung.

**Transformation ist naturgemäß systemisch, dual und gekoppelt. Sie entzieht sich Pro-
jektmanagement. Sie kann aber geführt, kuratiert und methodisch unterstützt werden.**

Sie wollen ins Handeln kommen? Wie Ihr persönlicher Einfluss wirklich aussieht – und wie Sie ihn nutzen

Ein Denkwerkzeug zum besseren Verstehen des persönlichen Einflusses in der eigenen Organisation ist der Einflusstacho.

Fragen Sie sich: Worin besteht meine „Macht"? Worauf habe ich direkt Einfluss – oder mittelbar, quasi „über Bande gespielt"? Wie schnell ist die Veränderungsgeschwindigkeit, die ich erwarten darf, wenn ich diese Macht nutze?

Mein indirekter Einflussbereich: geringe bis mittlere Veränderungsgeschwindigkeit

Mein direkter Einflussbereich: hohe Veränderungsgeschwindigkeit

Kein Einfluss: ggf. Veränderungsgeschwindigkeit von Null

Keinen Einfluss auf die eigene Organisation zu haben ist die Ausnahme, nicht die Regel. Es ist fast immer nötig, „über Bande zu spielen".

So stimulieren Sie Ihre Organisation, damit sie sich auf den Weg der Transformation machen kann

Viele von uns fühlen sich hilflos angesichts der Herausforderung, die tiefgreifende Veränderung für Organisation bedeutet. Es gibt jedoch drei Dinge, die jeder tun kann, um die eigene Organisation auf den richtigen Weg zu bringen: Sie ein wenig zu schubsen.

Dialog und Vernetzung anregen.
Sie sind Mitglied der informellen Struktur Ihrer Organisation. Nutzen Sie diese Struktur gezielt für das Transformations-Anliegen. Sie sind nicht allein!

Foren für Impulse nutzen.
Jede Organisation hat Kommunikations-foren, die sich für Transformations-Impulse nutzen oder „umwidmen" lassen. Das können Events und Konferenzen sein, Jahresveranstaltungen, Führungskräftemeetings und Weihnachtsfeiern. Wer sind die Kuratoren dieser Foren?

Wegnehmen, was hindert.
Oft ist es leichter und erfordert weniger Einfluss, interne Hindernisse aus dem Weg zu räumen, als ganz „Neues" einzubringen. Dennoch ist derartige Organisationshygiene nicht weniger wirksam!

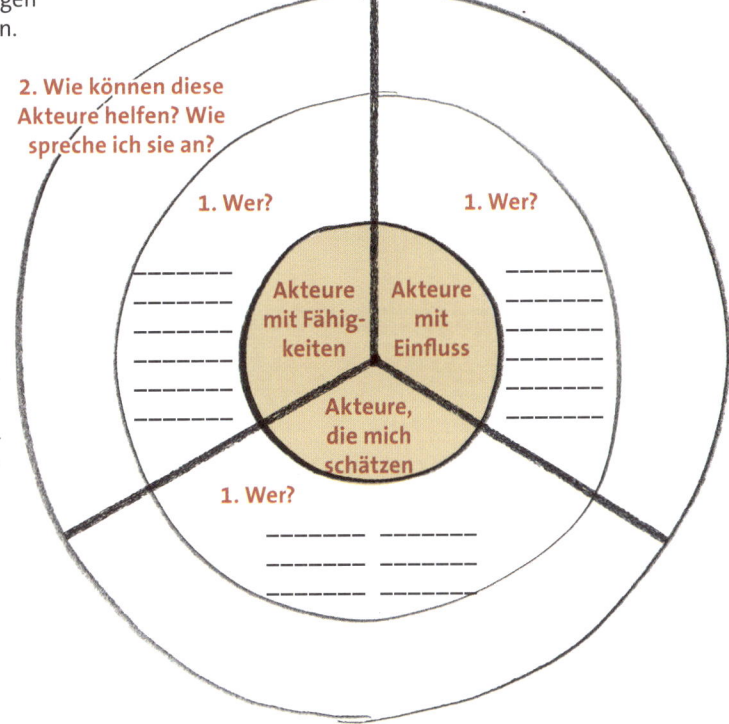

So nutzen Sie das Suchwerkzeug. Beantworten Sie sich stets zuerst die Wer-Fragen: Wer sind diejenigen mit relevantem Einfluss? Diejenigen, die mich schätzen? Diejenigen mit relevanten Fähigkeiten für Veränderung? Dann die Wie-Fragen: Wie können diese Akteure konkret helfen? Wie kann ich sie ansprechen?

Bonus-
kapitel

„Management ist Quacksalberei."

Ein Gespräch.

Das Gespräch führten Winfried Kretschmer und Michael Kres

Herr Pfläging, Sie plädieren dafür, Management abzuschaffen. Ist das nicht ein etwas verwegener Plan? Würde es nicht auch reichen, Management zu verbessern?

Wenn man sich größere oder auch kleinere Unternehmen ansieht, dann stellt man fest: Das sind oft keine sehr lebenswerten und „arbeitswerten" Orte. Nicht umsonst sind viele Menschen mit ihren Arbeitsbedingungen unzufrieden. Es gibt die berühmte innere Kündigung, die eine Reaktion ist auf das Missstände in Organisationen. Es gibt eine Flucht raus aus den Organisationen und in die Selbständigkeit. Dieses Leiden in Organisationen, in Arbeit, hat meiner Ansicht nach einen einzigen Ursprung: dass wir Arbeit managend zu beherrschen versuchen. Dass wir einem Dogma von Management anhängen, das weder den Menschen in Organisationen gerecht wird, noch den Kapitalgebern, Kunden, Gesellschaft und sonstigen Anspruchsgruppen.

Management abzuschaffen ist nicht verwegen - es ist längst überfällig!

Was ist falsch an Management? Was kritisieren Sie?

An Management ist so ziemlich alles falsch. Management selbst ist falsch. Ich vergleiche das gerne mit dem Stand der Medizin oder Heilkunde im europäischen Mittelalter. Da wusste man in unseren Breitengraden kaum etwas über den Ursprung der Krankheiten, das verfügbare Wissen aus der Antike wurde ignoriert, Quacksalber und Kurpfuscher bedienten sich vorwissenschaftlicher, häufig ausschließlich religiös inspirierter Techniken der Krankheitsbehandlung. Eine typische Behandlungsform jener Tage war der Aderlass – eine Technik, die nichts zur Gesundung beiträgt, aber einen Teil der Patienten tötet. Eine grausame Sache. Im Bereich Management stehen wir heute an einem ähnlichen Wendepunkt, wo die Medizin vor der Renaissance stand: Wir hängen noch dem Quacksalbertum an. Da werden regelmäßig Kunden und Mitarbeiter zur Ader gelassen; Unternehmensberatungen schröpfen ganze Unternehmen. Zwar handeln die meisten Manager nach bestem

Wissen und Gewissen. Nichtsdestotrotz steht Management der Organisation, den Mitarbeitern, den Prozessen und den Kunden mehr im Weg, als dass es Wert schaffen würde. Komplexe Probleme lassen sich mit Managementrepertoire überhaupt nicht lösen. Sie lassen sich nur verschlimmbessern. Insofern muss sich an Unternehmensführung fast alles ändern. Wir brauchen in Organisationen jedweder Art etwas ganz anderes als das, was wir heute mit Management in Verbindung bringen.

Was genau verstehen Sie unter Management?
Zunächst einmal: Management ist nicht dasselbe wie Führung. Einige Managementexperten setzen das immer gleich. Diesen Unterschied zu ignorieren bedeutet, die Geschichte der Unternehmensführung zu verkennen. Das ist so, als würde man iPads Schreibmaschinen nennen! Führung leistet aber etwas ganz anderes als Management. Management als Sozialtechnologie aus dem Industriezeitalter kann etwas ganz Spezifisches: Es ist ein Denkmodell, das dazu geeignet ist, in arbeitsteiliger Organisation unter bestimmten Bedingungen Effizienz zu erzeugen - mit Hilfe des Prinzips der Trennung des Denkens vom Handeln.
Diese Grundidee geht auf Frederick W. Taylor zurück und sie hat unsere Gesellschaft geprägt wie nur wenige andere Ideen – die Evolutionstheorie etwa. Taylor schlug Methoden vor, um weite Teile der damals noch jungen industriellen Arbeit vom Denken zu befreien, einen Großteil der Arbeiter zu

nicht-denkenden, nur ausführenden quasi-Maschinen zu machen. Das war vor gut einem Jahrhundert eine revolutionäre Idee, ein Quantensprung für die industrielle Wertschöpfung. Im Prinzip also eine tolle Sache. Die personelle, zeitliche und auch geografische Trennung zwischen Denken und Handeln wurde zum entscheidenden Merkmal von Management. Dies war sein genialer Kern - und es ist inzwischen seine fatale Schwäche. Das Prinzip der personellen und zeitlichen Teilung steht heute Innovation, Qualität, Kundennähe, Kosteneffektivität und Ausrichtung auf den Markt im Weg – und mithin dem effektiven Umgang mit Komplexität.

Ihre These ist: Die Grundannahmen sind falsch, weil sich in den gut hundert Jahren, seit Management entstanden ist, die Welt geändert hat. Welche Grundannahmen sind das?
Die Situation im Industriezeitalter war eine ganz andere als heute. Damals existierten Unternehmen in demokratiefreien Räumen und agierten in Märkten, die oligopolistisch oder monopolistisch gestrickt und längst nicht so globalisiert waren wie heute. Die meisten Unternehmen konnten sich den Komfort leisten, ihre Kunden und ihre Mitarbeiter zu zwingen: die Kunden zum Kauf und die Mitarbeiter zur Arbeit. Aus diesem Zeitalter stammt die Sozialtechnologie Management. Stammt das, was wir an betriebswirtschaftlichen Methoden heute noch aus Fachbüchern, an Universitäten, in der MBA-Ausbildung, in der Unternehmensberatung

und natürlich im Management selbst lernen und vorfinden. Wir folgen damit Konzepten, die völlig an heutiger Wissenschaft, an heutiger Marktrealität vorbeigehen.

Wenn ich das richtig sehe, sprechen Sie von zwei Grundannahmen. Die erste betrifft die Natur des Menschen...
Ja, die erste Grundannahme, die Management zugrunde liegt, ist eine Vorstellung vom Menschen: Danach sind Menschen prinzipiell arbeitsunwillig und müssen zum Arbeiten, zur Leistung gezwungen oder verführt werden. Und sie müssen kontrolliert werden. Taylors Idee der personellen, hierarchischen Trennung zwischen Denken und Handeln ist von dieser Theorie geprägt, und sie hat sich leider bis heute gehalten. Obwohl wir eigentlich ahnen, dass das heute nicht mehr angemessen sein kann.

Wir wissen eigentlich, dass wir Arbeit nach ganz anderen Prinzipien organisieren müssten. Wir brauchen die Motivation aller Organisationsmitglieder, brauchen den unternehmerischen Geist, der in den Menschen steckt. Dass es diesen Impuls gibt, das wissen wir bereits seit der Motivationsforschung der 50er- und 60er-Jahre des letzten Jahrhunderts. Doch die Management-Tools und .Prozesse basieren alle auf einer Unter- und Überordnungsideologie, auf diesem doch sehr perfiden Menschenbild: Wir können den Mitarbeitern nicht trauen, wir müssen sie zwingen und fremdkontrol-

lieren, sonst kommt keine Leistung zustande. Gut wird es erst, wenn Manager, wenn Chefs ihre Mitarbeiter und Untergebenen zwingen, gängeln, bestechen und so weiter. Das ist das lähmende Erbe des Industriezeitalters.

Und dieses Menschenbild ist falsch!
Sicher. Menschen sind eben nicht per sé faul und träge – auch wenn sie ein solches Verhalten natürlich bei Bedarf an den Tag legen können. Sie müssen nicht gezwungen werden. Aber dieses tief sitzende Vorurteil über Menschen hält Management am Leben.

Wer einmal lernt, an fremdkontrollierende Prozesse zu glauben, wie zum Beispiel, dass es Budgets geben muss und Kostenmanagement. Dass Mitarbeiterbeurteilungen gut und richtig sind und funktionieren. Oder dass Zielvereinbarungen und Anreizsysteme notwendig sind, um Leistung zu erzeugen, der hat es ganz schwer, die Mängel dieser Methoden zu sehen und sich von diesen Ritualen abzuwenden.

Niemand würde den Ehe- oder Lebenspartner mit einem jährlichen Mitarbeitergespräch beglücken, nach dem Motto: „Liebling, lass' uns mal über deine Key-Performance-Indicators, über deine Leistungsverbesserung, über deine die Ziele fürs nächste Jahr reden!" Das tun wir nicht, und wir glauben auch nicht daran, dass so etwas funktionieren könnte. In Unternehmen aber kommt uns das ganz natürlich vor.

Grundannahme Nummer zwei betrifft Organisationen und ihre Steuerbarkeit. Brauchen Organisationen Hierarchie?

Der Annahme, dass formelle Hierarchie in Organisationen zwangsläufig eine große Rolle spielen muss, liegt auch das eben erwähnte Vorurteil über das Menschenbild zugrunde. Wenn Menschen Mängelwesen sind, die sich chronisch vor der Arbeit zu drücken versuchen, dann braucht man natürlich Hierarchie, um die Organisation trotz all der Menschen mit ihren Fehlern und Mängeln unter Kontrolle zu halten.

Die zweite fehlerhafte Grundannahme hat aber damit zu tun, dass wir glauben, wir könnten Organisationen in die Zukunft steuern. Das ist ähnlicher Unsinn wie die Behauptung, Unternehmen würden Orchestern ähneln. Doch Orchester und Unternehmen haben eigentlich recht wenig gemeinsam, mal abgesehen davon, dass man für beide naturgemäß relativ viele Menschen braucht, damit etwas entstehen kann. Orchester interpretieren gemeinsam eine vorliegende Partitur, Unternehmen dagegen müssen mit unsicherer Zukunft umgehen. Sie agieren in Märkten, in denen sie ständig auf Probleme treffen, die sie vorher nicht gekannt haben. Unternehmen müssen gezwungenermaßen immer Neues tun, sie folgen eben keiner Partitur, sie deuten nicht ein komponiertes, festgelegtes Werk um. Die Zukunft ist nicht vorhersehbar, eben unternehmerisch. Management-Denken aber geht von dem Dogma aus, wir könnten die Zukunft doch irgendwie beherrschen: Wir brauchen uns nur ein Ziel überlegen und einen Plan machen, wie wir da hinkommen! Dahinter steckt der Glaube, die Zukunft sei planbar, steuerbar, vorhersehbar. In Wirklichkeit aber sind Märkte hochdynamisch und überraschend. Und je dynamischer und komplexer Märkte werden, desto mehr fahren uns interne Steuerung und Planwirtschaft an die Wand.

Vor ein paar Jahrzehnten haben wir gelernt, dass Planwirtschaft in Volkswirtschaften nicht funktioniert. Aber wir haben noch nicht eingesehen, dass das gleiche auch für Unternehmen gilt. Wir kommen mit Plänen, Strategien und fixierten Vorgaben nicht voran, weil die Zukunft eben nicht vorhersehbar ist. Management ist so etwas wie Sowjetwirtschaft für Unternehmen. Man fixiert Ziele, bindet Anreize daran und man versucht, Mitarbeiter unter Kontrolle zu haben, damit sie diese Pläne, Quotas, Budgets und Ziele umsetzen. Verbunden mit einem ganzen Unterdrückungsapparat. Das ist im Herzen sowjetisch. Das ist Sowjetwirtschaft - und wir nennen es Management!

Zur Abschaffung von Management, reicht da der sanfte Zwang aus, der dadurch entsteht, dass flache Organisationen effektiver und produktiver werden? Oder braucht es so was wie eine kleine Revolution in Unternehmen?

Ich glaube nicht, dass „sanfter Zwang" eine Veränderungsmethodik ist, die in der Lage ist, transformierende Wirkung zu entfalten. Wir alle sind

Träger von mentalen Modellen, die uns das Überleben in einer komplexen Umwelt überhaupt ermöglichen. Und wir haben gelernt, Probleme auf eine bestimmte Art und Weise zu lösen, in Organisationen auf eine bestimmte Art und Weise zusammenzuarbeiten. Wenn wir das jetzt ändern wollen, weil die alten Methoden nicht mehr wirken, dann stehen wir vor dem Problem, wie man kollektives Lernen erzeugen kann.

Wenn das mentale Modell „Management" uns nicht mehr weiterhilft, dann bedeutet das zunächst einmal, dass wir diese Tatsache akzeptieren und dann unser Denken verändern müssen. Wir alle müssen entlernen und neu lernen. Diese Anerkenntnis ist noch kaum verbreitet. Im Ergebnis läuft das auf eine Revolution von Führung hinaus, das ist schon richtig. Aber für jeden Einzelnen ist das eigentlich keine Revolution, sondern ein Lernprozess, eine Vielzahl von Lernschritten, an deren Ende man merkt, dass man anders denkt und andere Verhaltensrepertoires zugreifen kann.

Einer meiner Beratungskunden hat diesen individuellen Transformationsprozess mal so beschrieben, dass man in dieser Lernphase recht häufig blitzartige Einsichten hat, also so etwas wie schlagartige Erkenntnismomente, in denen sich neue, wirksamere Verhaltensmöglichkeiten auftun. Dass man nach zwischen diesen Blitzmomenten aber auch ständig wieder Rückfälle in alte Verhaltensweisen hat - was sich wiederum recht deprimierend anfühlen kann.

Wir müssen also einen anderen Weg finden. Diese Blitz-Momente erzeugen und deren Häufigkeit steigern. Dabei hilft heute, dass es bereits einige Pionier-Organisationen gibt, die diesen Weg schon gegangen sind. Es gibt genug Vorbilder.

Wie lange geben Sie den planwirtschaftlichen Strukturen in Unternehmen noch?
Es obliegt der Macht der Märkte, wie lange sich die einzelnen, dem Dogma von Management folgende Unternehmen noch werden halten können. Am Ende werden die Märkte Management, wie wir es heute kennen, ein Ende setzen. In manchen Branchen ist dieser Verdrängungsprozess schon in vollem Gange, nehmen wir nur mal die Automobilindustrie oder den deutschen Drogeriehandel, wo der frühere Marktführer Schlecker durch den Druck ent-managter Wettbewerber wie DM vom Markt gefegt wurde, bzw. sich selbst ins Aus gestellt hat. Uns steht nach 100 Jahren Management ein Generationswechsel in den Paradigmen der Unternehmensführung bevor. Eine Renaissance von Arbeit und Organisation.

Sie haben selber als Controller gearbeitet und kennen deutsche Großunternehmen aus eigener Anschauung. Was war damals Ihr Schlüsselerlebnis, das in Ihnen die Überzeugung geweckt hat, Management sei überflüssig?
Es gab im Grunde zwei Arten von Schlüsselerlebnissen. Zum Einen hatte ich als Controller ein in-

haltliches Aha-Moment. Ich konnte nach einigen Jahren im Controlling einfach nicht anders, als einzusehen, dass Instrumente und Methoden wie Budgetplanung, Management-Reporting, Forecasting, - also das ganze Planungs- und Berichtswesen - nicht funktionieren. Das ganze Performance Management, auch das, was aus dem Personalbereich heraus stattfand, erzeugte weder Effektivität, noch Einsicht oder Dialog. Geschweige denn Verbesserung! Es produzierte bloß Leerlauf und Demotivierung.

Hinzu kam die persönliche Erfahrung mit Vorgesetzten und Chefs, durch die ich gemerkt habe, auf wie vielfältige Weise hierarchische Weisung und Steuerung regelmäßig versagt. Diese Idee, dass Chefs immer Bescheid wissen, dass sie besser als andere entscheiden können – das funktionierte überhaupt nicht, egal wo ich hinsah und hinhörte. Auch heute beobachte ich in meiner Rolle als Berater, dass Kommunikation fast überall zu einseitig, zu wenig auf Augenhöhe stattfindet. Besonders in Drucksituationen, die ja eigentlich der Normalfall sind.

In der Folge mangelt es an Lernen, an Raum für Könnerschaft und an sozialen Korrekturmechanismen. Das Richtige, das Sinnvolle setzt sich meist nicht durch. Dieses Steuerungsversagen ist praktisch überall beobachtbar. Wir alle kennen die Symptome. Darum sind Bücher wie „Ich arbeite in einem Irrenhaus!" ja solche Renner.

Was passiert, wenn Management abgeschafft ist? Bricht dann nicht das totale Chaos aus?

Um Management auf den Müllhaufen der Geschichte zu befördern müssen wir nicht die Manager aufs Schafott stellen! Es geht nicht darum, dass wir Manager abschaffen, sondern Management. Das ist ähnlich wie mit der Schreibmaschine: die braucht heute kein Mensch mehr. Wir schreiben immer noch - aber mit PCs, Laptops, Tablets, Handys. Die entscheidende Veränderung beim Übergang von Management hin zu zeitgemäßer, komplexitäts-robuster Organisation besteht darin, die Trennung zwischen Denkenden und Handelnden aufzuheben: Da dürfen, können und müssen mit einem Mal zu jedem Zeitpunkt alle denken. Das ist ausgesprochen folgenreich und nicht ganz einfach vorstellbar in den meisten heutigen Unternehmen mit ihren Ritualen, Dogmen, Prozessen und Management-Tools!

Im neuen Dogma denken nicht nur ein paar Manager, da gibt es vielleicht Tausende, die sich Gedanken machen. Da entsteht ganz schnell die Notwendigkeit echter Teamabstimmung. Es entsteht mehr soziale Dichte, auch mehr konstruktiver Gruppendruck. Mehr kollektive Intelligenz, mehr Selbstorganisation, mehr Dissens.

Aber es braucht doch jemanden, der den Überblick hat.

Überblick sollte jemand haben, am besten sollten den sogar viele haben. Aber Fähigkeit zum Überblick muss nicht gekoppelt sein mit Entscheidungshoheit und Macht über Alles und Jeden. In einer Zeitungsredaktion leisten das mit dem Überblick beispielsweise der Chefredakteur und der Chef vom Dienst. Die treffen aber nicht alle Entscheidungen. Im Gegenteil. Und bei den täglichen Redaktionsbesprechungen sind alle, wirklich alle dazu verdammt, mitzudenken.

Warum sprechen Sie von Alpha- und Beta-Unternehmen?

Die Unterscheidung zwischen Alpha- und Beta, zwischen Management und Führung mag auf den ersten Blick etwas aufwendig erscheinen. Es braucht aber präzise Begriffe, damit man Neues denken und es vom Alten unterscheiden kann. Das hat mit Branding im Sinne des Wortursprungs zu tun: Mit „Branding" war ja früher das Markieren der Rinderherden mit Brand-Abzeichen gemeint. Man markierte die eigenen Rinder, um sie von denen anderer unterscheiden zu können. Das gleiche brauchen wir jetzt in Organisationen, in Unternehmen: Für tiefgreifende Veränderung bedarf es Menschen, die unterscheiden können, was Alpha-Management ist auf der einen Seite— also Praktiken, Rituale; Konzepte, Dogmen, die Teilung zwischen Denken und Handeln erzeugen. Und was Beta-Führung ist auf der anderen Seite. Den meisten Unternehmern, Managern und Gründern ist gar nicht bewusst, dass es zwei Modelle der Unternehmensführung gibt, ein altes und ein neues.

Und den neuen Modus kann man nur erkennen und erlernen, wenn man ihn ständig dem alten Modus gegenüberstellt. Unterscheiden lernt.

Was heißt das konkret?

Ein Beispiel: Vor rund 40 Jahren hatten wir die so genannte dritte Revolution in der Automobilindustrie, die vor allem mit Toyota in Verbindung gebracht wurde. Viele wollten den Erfolg des Toyota-Modells, das für ganzheitlichen Erfolg und höchste Effektivität steht, kopieren. Nur: Dadurch, dass man wie bei Toyota in deutschen Fabriken Andon-Bänder installiert, mit denen die Arbeiter bei Bedarf die Fertigungslinie eigenhändig stoppen können, hat man längst noch nicht den Toyota Way, kein Toyota-Denken und keine Toyota-Kultur eingeführt. Wahrscheinlich ergeben solcher Bänder in einer von Angst geprägten Organisation auch überhaupt keinen Sinn, weil die Reissleine zu ziehen zu Repressalien führen könnte und als Eingeständnis von Versagen angesehen werden könnte. Komplexitäts-robuste Organisation ist eben kein Tool. Sie entsteht auch nicht durch Tools. Sie setzt sich aus einer Vielzahl von Prinzipien, aus Hunderten von Konzepten zusammen, auf die alle Mitarbeiter einschließlich der Führungskräfte regelrecht eingeschworen sind. Das haben alle intus. Um einen Umwandlungsprozess hin zu einer solchen Höchstleistungskultur vollziehen zu können, muss man verstehen, dass es zwei Modelle der Unternehmensführung gibt: das tayloristische, hierar-

chisch-bürokratische, für Fremd-Kontrolle optimierte „Alpha"-Modell. Und das auf Selbstkontrolle, Dezentralisierung und gemeinsame Verantwortung hin getrimmte Beta-Modell. In der heutigen Unternehmenswelt ist Alpha noch der Standard, Beta die Ausnahme. Toyota ist eine dieser Ausnahmen – seit 50 Jahren schon. In dynamischen, engen Märkten ist der Wettbewerbsdruck, den Beta-Unternehmen durch ihre Höchstleistung ausüben, für Alpha-Firmen nicht zu bewältigen. Aber: Nur wer sich des Alten bewusst ist, kann das Neue in Angriff nehmen.

Woran kann man erkennen, dass man es mit einem Alpha- beziehungsweise Beta-Unternehmen zu tun hat?

Das ist recht einfach – es gibt viele Symptome, die typisch für die jeweiligen Modelle sind. Ich lebe seit drei Jahren auch in den USA und kaufe dort oft bei einer Ladenkette ein, die Trader Joe's heißt. Die gehört zu Aldi, hat aber so einen lässigen Öko-Touch. Jede Filiale sieht so aus, als wäre sie ein lokales Unternehmen - sie spiegelt in der Aufmachung den Stadtteil wieder, an dem sie steht. Das wirkt sehr informell und angenehm. Nicht zu vergessen die hohe Qualität der Produkte und die sensationellen Preise im Vergleich zu anderen Supermärkten. Will ich nun herausfinden, ob das ein Beta- oder Alpha-Unternehmen ist, brauche ich den Angestellten nur ein paar knifflige Fragen stellen. Sie mit einem Problem konfrontieren. Dann stellt man fest: In einem

Beta-Unternehmen wie Trader Joe's bekommt man einfach von jedem Mitarbeiter intelligente Antworten, die davon zeugen, dass man dort Verantwortung trägt und sie auch wahrnimmt. Dort sagt niemand: „Bin ich nicht für zuständig!", „Das ist bei uns eben so.", „Da kann ich nichts machen." oder: „Beschweren Sie sich bei der Firmenleitung!" In solchen Firmen kann es aber auch zu kuriosen Ereignissen kommen, die anderswo fast das Zeug zum Skandal hätten. Nehmen Sie Southwest Airlines, auch ein gereiftes Beta-Unternehmen. Dort haben Flugbegleiter eine Passagierin aus dem Flugzeug verwiesen, weil sie ihren Rock für zu kurz hielten. Diese Frau ist in ihrem Mini-Rock dann durch die US-Talkshows getingelt und hat da für Aufsehen gesorgt mit ihrer Geschichte darüber, dass man sie nicht „richtig" behandelt oder gar diskriminiert habe. Aber Southwest steht dazu: Flugbegleiter entscheiden selbst und sollen handeln als wäre das Unternehmen ihres. So hat man dann, wenn die eigenen Mitarbeiter mitdenken und selbstverantwortlich, unternehmerisch Entscheidungen fällen, auch mal Entscheidungen mitzutragen, in denen andere Organisationsmitglieder anders entschieden hätten.

Da entsteht Reibung und Lernen und ganz viel kollektive Intelligenz. Bei Handelsbanken aus Schweden ist man stolz darauf, kein Call-Center zu betreiben, weil es dort heißt, in so einer Call-Center-Struktur einer Bank kann nicht sinnvoll unternehmerisch gedacht und gehandelt werden. Bei

Handelsbanken, Southwest und Trader Joe´s, kann man dann aber auch keine Jahresplanung durchführen, weil man die eigenen Leute gerade nicht bevormunden will!

Beta-Unternehmen produzieren viele solche Geschichten: Eigenheiten, ungewöhnliche Praktiken, an denen sie augenblicklich erkannt werden können unter so vielen übermanagten Organisationen.

Sie sind ein Kenner des deutschen Drogeriehändlers dm-drogerie markt aus Karlsruhe. Die Verantwortlichen dort haben das Unternehmen vor rund zwanzig Jahren in ein Beta-Unternehmen verwandelt. Erzählen Sie etwas mehr von dieser erfolgreichen Transformation.

Eine Geschichte von Götz Werner, dem Firmen-Mitgründer und Haupteigentümer, illustriert die Haltung, die ich den Beta-Kodex nenne, besonders anschaulich. Bis in die 80er Jahre hinein, sagt Werner, habe er noch gedacht, ein guter Manager zeichne sich dadurch aus, dass er seinen Mitarbeitenden auf ihre Fragen immer eine Antwort zu geben weiß. Schließlich weiß ein guter Chef naturgemäß alles besser und hat entscheidungsstark zu sein.

Dann sah Werner aber ein, dass zwischen dieser Haltung und echter Führung ein himmelweiter Unterschied liegt. Er bemerkte, dass es besser ist, wenn Leute, die ihn etwas fragen, sein Büro nicht mit fertigen Antworten verlassen, sondern mit fünf sehr guten, neuen Fragen. Die Mitarbeiter sollen nicht folgen! Sie sollen sich selbst Übersicht erarbeiten, Verantwortung übernehmen, Risiken einschätzen. Er will sie in einen permanenten Denk- und Lernprozess bringen. Das ist die Essenz von Führungsarbeit.

Wie präsentiert sich ein Unternehmen DM heute, zwanzig Jahre nach dem Wandel zum Beta-Unternehmen?

Vor einiger Zeit hatte ich Gelegenheit, an einer internen Veranstaltung von DM mit rund 200 Führungskräften teilzunehmen. Dort fand ich auffällig, wie hoch das Reflexionsniveau in diesem Unternehmen ist, im Vergleich zu anderen Firmen, die ich in meiner Beratungsarbeit kennenlerne. Der Unterschied war schon frappierend.

Man könnte wohl allgemein sagen, in Beta-Organisationen geht es disziplinierter zu, bedachter auf den gemeinsamen Erfolg, überhaupt nachdenklicher, aber auch aufgeklärter. Ich würde das heute mit „professionell und kultiviert" umschreiben. Die Mitarbeiter bei DM, bei Handelsbanken oder Toyota haben ein sensationell klares Verständnis davon, was sie gemeinsam erfolgreich macht, wie Wertschöpfung und Leistung entstehen.

Sie verbinden Beta-Unternehmen mit einem Konzept, das Sie Sinnkopplung nennen. Erläutern Sie uns diesen Begriff etwas ausführlicher.

Unternehmen sind im Grunde die tollsten Abenteuer-Spielplätze der Welt. Sie halten ständig eine

gewaltige Anzahl Probleme vor, die gelöst werden wollen. Das ist für intelligente, lernende Menschen der beste Nährboden für Spannung, Anregung, intellektuelle Herausforderung. Und Identifikations- oder Sinnempfinden. Alpha-Unternehmen sind aber so organisiert, dass sie gar nicht alle seine Mitglieder an die Probleme heran-lassen. Dort meint man, Probleme funktional aufteilen zu müssen, sie standardisiert, immer gleich und der Hierarchie nach in den Griff kriegen zu können. Das ist eine ungeheure Verschwendung von Herausforderung, Motivation, kreativem Potenzial und letztlich Spaß an der Arbeit.

Beta-Unternehmen gehen anders vor. Sie konfrontieren viele, sogar alle Organisationsmitglieder mit Problemen. Sie organisieren Innovation so, dass letztlich jeder daran teilhaben und seine Motive an den Sinn der Arbeit koppeln kann. Jeden Tag wieder. Google und W. L. Gore sind dafür herausragende Beispiele unter den Beta-Organisationen. Dort kann und soll jeder Mitarbeiter Forschungs- und Entwicklungsprojekte anstoßen, finanzielle Ressourcen folgen den Ideen , nicht mechanischer Zuordnung per Umlagen und Budgets.

Die Menschen hängen an der Macht. Wie passt das Thema Macht in den Kontext eines Beta-Unternehmens?

Darauf werde ich oft darauf angesprochen. Wahrscheinlich deshalb, weil wir dem Irrtum aufsitzen, Macht sei nur in begrenzter Menge verfügbar. In einem Alpha-Unternehmen haben Manager die Macht, alle anderen sind ohnmächtig. Das ist klassischer Taylorismus. Nun besteht die Angst, dass Manager, die in einem Beta-Unternehmen Macht mit den übrigen Teammitgliedern teilen, selber an Macht einbüßen müssen. Doch Macht ist kein Nullsummenspiel. Teile ich meine Macht mit anderen, gewinnen wir als Team insgesamt an Macht, weil wir erfolgreicher arbeiten können – und damit letztlich an Einfluss gewinnen. Wenn wir anfangen, Macht als Einfluss auf informelle Strukturen und Wertschöpfung zu definieren, den man gemeinsam hat, dann wird schnell klar: Macht in gemanagter Hierarchie ist hohl und leer. Manager in Alpha-Organisation sind eben auch tragische Figuren.

Lässt sich das Beta-Modell auch auf weniger komplexe Branchen übertragen?

Je komplexer die Wertschöpfung eines Unternehmens ist, um so mehr fallen die Vorzüge einer Beta-Organisation ins Gewicht. Nun dürfen wir aber nicht Komplexität der Produkte mit Komplexität der Wertschöpfung gleichsetzen. Und Komplexität in der Wertschöpfung kommt mittlerweile überall zum Tragen, auch in traditionell relativ trägen Branchen wie dem Versicherungswesen.

Wir haben Beta-Pioniere in allen möglichen Branchen gefunden. Mit Toyota gibt es mindestens einen Beta-Automobilhersteller - das ist in eine der komplexesten Fertigungsindustrien, die es gibt. Es gibt eine Bank, die seit über 40 Jahren nach dem Beta-Kodex tickt. Eine Fluggesellschaft. Verschiedene Handelsunternehmen, Konsumgüterhersteller und Dienstleister. Mit Google, SAS, Valve und anderen sind wir unter den Internet- und Softwareunternehmen fündig geworden. Oder nehmen Sie W. L. Gore, ein hochinnovatives Technologieunternehmen. Im Gesundheitssektor haben wir DaVita gefunden, ein amerikanischer Dialyseanbieter.

Privilegiert das Beta-Modell nicht die gut Ausgebildeten, die sich in einem solchen beruflichen Umfeld durchsetzen können?

Nur wenn Sie unterstellen, dass gute Ausbildung quasi automatisch die Fähigkeit zum Mitdenken und zu verantwortungsbewusstem, unternehmerischen Handeln erzeugt. Das stimmt so aber nicht. Jedes Vorschulkind hat heute mehr Lust auf Lernen und auf Verantwortungs-Übernahme als ein gewöhnlicher deutsche Abiturient, dem unser Schulsystem diese Lust und Fähigkeit längst ausgetrieben hat. Das Studiensystem dümpelt im selben Geist dahin. Wir haben eben auch ein massives Bildungsproblem: Im Bildungswesen steckt genauso der Geist des Industriezeitalters wie in den Unternehmen.

Unternehmen verschärfen ihre Probleme noch zusätzlich dadurch, dass sie in Auswahl- und Einstellungsverfahren immer noch viel zu sehr auf fachliche Qualifikation und Erfahrung achten, statt auf Haltung, Teamkonstellationen und kulturelle Passung. Einige Beta-Pioniere wie Southwest Airlines sind da längst weiter. Dort misst man Haltung und kulturellem „Fit" von Stellenbewerbern deutlich höhere Bedeutung bei als der technischen Qualifikation. Man hat dort auch schon vor langer Zeit aufgehört, Leute einzustellen, die vorher bereits bei einer anderen Gesellschaft Flugbegleiter waren: denn die kommen mit der falschen Haltung – gelten als quasi „verdorben" durch die wenig unternehmerischen Kulturen der Wettbewerber. Der seit vier Jahrzehnten anhaltende, nicht nur ökonomische Erfolg von Southwest in dieser äußerst schwierigen Branche gibt dem Unternehmen Recht.

Wie muss man sich den Übergang vom Alpha- zum Beta-Unternehmen vorstellen? Wer stößt einen solchen Prozess an?

Wer ihn anstößt, beziehungsweise wer den Ball zuerst wirft, spielt keine Rolle. Aber das Topmanagement muss den Ball fangen und sagen: Wir müssen und wollen verstehen, warum wir unsere Probleme im alten Modus nicht mehr gelöst bekommen, warum unsere Veränderungsinitiativen immer weniger fruchten und warum unsere Mitarbeiter sich denkfaul oder demotiviert zeigen. Das Topmanagement muss verstehen wollen, warum der bisherige Weg am Ende ist, und wie ein alternatives Organisations-Modell funktioniert. Dann muss es den Prozess auch selbst mittragen. Nur „unterstützen" oder „gutheißen" reicht nicht!

Wie geht es dann weiter?

Es gibt grundsätzlich zwei Wege. Zum Einen haben wir Beta-Organisationen gefunden, in denen einzelne Akteure diese Art der Transformation initiiert und angetrieben haben. Ich nenne solche Figuren „Lichtgestalten". Götz Werner von DM, Dr. Jan Wallander von Handelsbanken, Taiichi Ohno von Toyota oder Ricardo Semler von Semco in Brasilien – das sind oder waren solche Lichtgestalten.

Das sind regelrechte Genies, die mit viel Energie und auch Charisma tiefgreifende Veränderungen in ihren Firmen angestoßen haben. Die aber auch verstanden, wo es Nachdruck und Entschlossenheit brauchte.

Solche Veränderungs-Genies gibt es naturgemäß nur Wenige. Lichtgestalten sind rar! Also wird man in heutigen Organisationen in aller Regel auf etwas Anderes zurückgreifen müssen – nämlich auf eine Koalition der Willigen. Eine Führungskoalition für die Veränderung, bestehend aus einer Reihe unterschiedlicher Akteure, die gemeinsam die wesentlichen Veränderungs-Fertigkeiten wie Durchsetzungsvermögen, Leidenschaft, informellen Einfluss, formelle Macht und intellektuelles Kaliber mitbringen. Nicht in einer Person, sondern als Team.

Der amerikanische Veränderungs-Experte John Kotter hat hervorragend und nachvollziehbar beschrieben, wie eine solche Vorgehensweise aussehen muss. Im Buch sind die ersten vier Schritte dieses Prozesses beschrieben.

Warum haben wir nicht schon viel mehr Beta-Unternehmen?

Wir haben ein Denkproblem. Den meisten Menschen fällt es schwer, effektiv über Organisation, Leistung und Erfolg nachzudenken, weil ihre Denkwerkzeuge, ihre „mentalen Modelle", wie Max Weber das nannte, von obsoleten Alpha- oder Management-Dogmen geprägt sind und darum für Problemlösung nicht mehr taugen.

Daran hat keiner Schuld, denn Alpha-Denken ist nach wie vor der Standard der Unternehmensführung heute. Nehmen wir ein paar klassische Beispiele: Risikomanagement besteht zu 90% aus Methoden, die Risiken erzeugen und befördern. Qualitätsmanagement ist fast immer ineffektiv. Kostenmanagement ist durchweg ineffektiv und schädlich – das ist wie Schattenboxen. Formelle Strukturen erzeugen Koordinations-Ineffizienzen. Vergütungssysteme erzeugen die Probleme, die sie zu lösen vorgeben. Das heißt nicht, dass Risiko, Qualität und Kosten, Struktur, Vergütung nicht wichtig wären. Aber der Umgang damit in den Alpha-Unternehmen ist in etwa so, als würden wir Krankheiten heute noch mit Aderlass und Klistieren behandeln.

Unter den Bedingungen des Industriezeitalters – in trägen Märkten und bei relativ geringer Komplexität der Wertschöpfung – konnte man mit Managementmethoden wie Standards, Regeln und Planung Effizienzgewinne erzielen. Auch wenn diese Methoden oft schon damals nicht als moralisch einwandfrei galten. Inzwischen sind sie in jeder Hinsicht zum Problem geworden – ökonomisch und moralisch. Die meisten Manager haben aber Mühe, sich die Alternativen vorzustellen. Zu Kostenmanagement beispielsweise. Oder: Wie sehen wirksamere Organisations-Strukturen ohne die gängige funktionale Teilung und ohne Organigramme aus? Wie erzeugt man Leistungsverbesserung ohne Zielvorgaben, Budgets, Plan-Ist-Vergleiche? Da gibt es Lernbedarf.

Das heißt Manager, Praktiker kennen die Alternativen gar nicht, die es schon seit Jahrzehnten gibt?
Zumindest können sie sich die Alternativen nicht im Kontext ihrer Organisationen vorstellen oder praktisch nachvollziehen, auf eigene Probleme angewandt. Man kann natürlich Manager von General Motors, von Fiat oder von VW zu Toyota schicken. Das alles ist ja gemacht worden. Schon vor 30, 40 Jahren. Da sind Manager scharen-weise nach Japan geflogen, um einen Blick auf das „japanische Produktivitätswunder" zu erhaschen – also vor allem auf Toyota. Die meisten dieser Manager haben sich dort auch Toyota-Fabriken angeschaut. Was haben sie da gelernt? Eher wenig. Sie haben das Modell einfach nicht verstanden. Nicht mal gesehen. Aber das ist auch gar nicht so leicht. Denn es ist fast unmöglich, mit Alpha-Logik und -Begriffen im Kopf Beta-Wertschöpfung und -Logik zu beschreiben.
Es gibt da eine Anekdote, wo ein frisch aus Japan zurückgekehrter General-Motors-Mann steif und fest behauptete, die Japaner hätten seiner Besuchsgruppe nur „gefälschte"-Fabriken gezeigt – Fabrik-Imitationen sozusagen. Er könne das auch beweisen - dort habe es nämlich nicht einmal Läger gegeben!
Man kann sagen: Bis heute haben die meisten Unternehmen sehr wenig gelernt von Toyota und Co. Sie haben manch Offensichtliches imitiert. Das Beta-Denken, das sie hätten erlernen sollen, haben sie aber nicht kopieren können. Weil man sich das nicht abgucken kann. Wenn jemand zu DM ginge und versuchen wollte, das dortige Führungsmodell mit üblichem Management-Vokabular zu beschreiben, oder die Praktiken von DM klassischen Management-Tools zuzuordnen - er würde unvermeidlich scheitern.

Wie schätzen Sie die Fähigkeit zum Umdenken in Organisationen ein?
Ich erlebe immer wieder Manager, denen es sehr rasch gelingt, sich in den Beta-Kodex hinein zu denken, Vor ein paar Jahren war ich bei einer italienischen Bankengruppe mit rund 10.000 Mitarbeitern zu einem Gespräch eingeladen. Dem CEO und seinem Team habe ich den Beta-Kodex und das Handelsbanken-Modell erläutert. Der CEO war ein sehr sachlicher, rationaler, nachdenklicher Mann. Er hörte aufmerksam zu, sagte aber nicht viel.
Ich war mir entsprechend während des gesamten Gesprächs nicht sicher, was er von der Sache hielt.

Nach eineinhalb Stunden sagte der: „Ich verstehe jetzt das Handelsbanken-Modell. Das ist genau die Philosophie, die wir brauchen. Die wir aber nicht haben und die zu greifen uns so unendlich schwer fällt." Dann sagte er: „Bei vielen technischen Fragen unserer Branche kann ich mir einfach noch nicht vorstellen, wie sie im Beta-Modus gelöst werden. Aber: Wenn Handelsbanken das erfolgreich praktiziert, dann muss es für diese fachlichen Fragen wohl auch dort Lösungen geben." Er hatte also sofort angefangen, in dieser ihm noch ganz fremden Logik zu denken. Ohne eine derartige Bereitschaft dazu, Probleme im Beta-Denken verstehen und lösen zu lernen, geht es nicht.

Der Rest

Zur Vertiefung

Wie Sie Organisation für Komplexität weiter auf den Grund gehen können

Literaturempfehlungen

Hier finden Sie Empfehlungen des Autors zum Weiterlesen und zur Vertiefung.

Haeckel, Stephan: Adaptive Enterprise – Creating and Leading Sense-And-Respond Organizations. HBRP, 1999

Hermann, Silke/Pfläging, Niels: OpenSpace Beta – Das Handbuch für organisationale Transformation in nur 90 Tagen. Vahlen, 2019

Kotter, John: Leading Change – Wie Sie Ihr Unternehmen in acht Schritten erfolgreich verändern. Vahlen, 2011

Kühl, Stefan: Organisationen – Eine sehr kurze Einführung. VS Verlag, 2011

Morgan, Gareth: Bilder der Organisation. Klett-Cotta, 2008

Pfläging, Niels: Führen mit flexiblen Zielen – Praxisbuch für mehr Erfolg im Wettbewerb. 2. Auflage. Campus, 2011

Pfläging, Niels/Hermann, Silke: Zellstrukturdesign – Eine neue Sozialtechnologie, die unternehmerischer Wertschöpfung Flügel verleiht. Vahlen, 2020

Seddon, John: Freedom from Command and Control – Rethinking Management for Lean Service. Productivity Press, 2005

Purser, Ronald/Cabana, Steven: The Self-Managing Organization – How Leading Companies Are Transforming the Work of Teams for Real Impact. Free Press, 1998

Weichselbaum, Ernst: In jedem Unternehmen steckt ein besseres: Zeitorientierte Betriebswirtschaft mit dem Weichselbaum-System. Vahlen 2020

Weisbord, Marvin: Productive Workplaces – Dignity, Meaning, and Community in the 21st Century, 3rd Edition. John Wiley & Sons, 2012

Wohland, Gerhard: Denkwerkzeuge der Höchstleister – Warum dynamikrobuste Unternehmen Marktdruck erzeugen. 3. Auflage. UniBuch Verlag, 2012

Frei verfügbare Online-Ressourcen und Videos zum Thema dieses Buchs

Organisation für Komplexität: Vortrag von Niels Pfläging beim Innovation Day, Wien

Videos von Niels Pfläging. Kuratierter Kanal auf YouTube mit einer großen Menge an Videos in mehreren Sprachen

Artikel von Niels Pfläging. Übersicht auf der Website des BetaCodex Network

Forschungspapers von Niels Pfläging auf der Website des BetaCodex Network

Liste empfohlener Bücher auf der Website des BetaCodex Network

Website des BetaCodex Network

Über den Autor

Eine Art, mich zu beschreiben: Ich bin Berater, Business-Speaker und Autor mit Wohnsitz in Wiesbaden. Gemeinsam mit Silke Hermann betreibe ich seit 2018 das Unternehmen Red42. Seit 2021 sind wir unter dem Namen qomenius auch als Anbieter von Lerntechnologie unternehmerisch unterwegs. Ich selbst verstehe mich als ernsthaften Ökonom und Business-Vordenker, aber auch als Praktiker: Als Ratgeber oder Advisor unterstütze ich Manager und Organisationen jeder Art bei tiefgreifender Veränderung. Fünf Jahre lang war ich Direktor des Think Tank Beyond Budgeting Round Table. Zuvor hatte ich einige Jahre lang als Controller in deutschen Konzernen gearbeitet. Während dieser Zeit entdeckte ich meine Leidenschaft für organisationale Transformation, mit der ich mich seit 2003 in den verschiedenen Rollen auseinander setze. Dies ist mein viertes Buch zu diesem Thema. Alle Konzepte sind gleichermaßen forschungsbasiert wie praxiserprobt.

Eine andere Art, mich zu beschreiben: Mich hat es immer in die Welt hinaus gezogen. Früh habe ich Chancen gesucht, in anderen Kulturen und Ländern zu lernen und zu arbeiten. Einen Teil des Studiums absolvierte ich im spanischen Sevilla, später arbeitete ich in Buenos Aires, dann lebte ich für 12 Jahre in São Paulo und für fünf Jahre in New York City. Durch meine Arbeit habe ich Möglichkeiten gefunden, in vielen Ländern Erfahrungen zu sammeln. Das hat, so glaube ich, meinen Blick auf Organisationen geschärft: Trotz verschiedener Sprachwelten und Kulturen ist unser Umgang mit Arbeit, durch Konditionierungen und Ausbildungen befördert, global verblüffend homogen. Lernen und Qualifizierung sind auch aus diesem Grund eine Herzensangelegenheit für mich geworden. Seit 2011 bin ich als Dozent für Höchstleistung, Organisationsgestaltung und Führung für verschiedene Hochschulen tätig gewesen. Regelmäßig veröffentliche ich Artikel und Papers, die unter andrem über das Portal des von mir mit-begründeten BetaCodex Network zu finden sind.
Ich freue mich darauf, von Ihnen zu hören. Ganz einfach per E-Mail, beispielsweise, über: niels.pflaeging@redforty2.com

Über dieses Buch

Dies ist das erste kleine Ratgeber-Buch von mir. Das erste nach drei umfassenderen, klassischen Fach- und Sachbüchern. Die Idee zu diesem Projekt kam mir zwei Jahre zuvor beim Durchblättern der Präsentationsmaterialien eines niederländischen Beraters. Der hatte einige seiner Power-Point-Präsentationen zum Thema agiler Softwareentwicklung mit hand-gezeichneten Illustrationen versehen – einfachen Zeichnungen zumeist, eher skizzen-artigen Bildern, mit denen er sehr gelungen Konzepte und Zusammenhänge veranschaulichte. Genau solche Illustrationen, dachte ich, hatten in meinem letzten Führungsbuch gefehlt. Das war einige Zeit zuvor beim Campus-Verlag erschienen unter dem Titel „Die 12 neuen Gesetze der Führung. Der Kodex: Warum Management verzichtbar ist". Die Illustrierung des Buchs mit Zeichnungen oder Fotos war damals an Fragen der Durchführbarkeit und des Copyrights gescheitert. Außerdem hatte ich zu jener Zeit nur eine vage Vorstellung davon gehabt, dass der Stoff Illustrationen brauchte. Aber mir hatte eine genauere Vorstellung davon gefehlt, wie man die Inhalte des Buchs hätte illustrieren lassen können. Nun, mit Zeichnungen im Stil derer des Niederländers Jurgen Appelo, wäre das ziemlich leicht zu bewerkstelligen.

Dies ist also ein ganz anderes Buch geworden als meine bisherigen. Es ist – für jene, die das sehen wollen – ein Manifest für ein neues, zeitgemäßes Führungsverständnis und für radikale Veränderung in Unternehmen. Und damit auch eine Weiterführung der Arbeit aus meinen früheren Büchern „Führen mit flexiblen Zielen" und „Die 12 neuen Gesetze der Führung". Die Urversion von Organisation für Komplexität ist ein englischsprachiges Positionspapier des BetaCodex Network. Nach vielen Modifikationen, Neu-Kompositionen, Eingriffen und in vielen Fällen auch zeichnerischen und inhaltlichen Ergänzungen habe ich dann die Grafik-Designerin Pia Steinmann damit beauftragt, alle Illustrationen speziell für dieses Buch neu anzufertigen.

Es hat Spaß gemacht, ein Business-Buch erstmals als künstlerisches, textlich-visuelles Gesamtwerk anzugehen. Ich hoffe, meine Leser werden diese Freude ebenfalls wahrnehmen und mit mir teilen.

Mein Dank gilt insbesondere meiner Kollegin und Mitstreitern Silke Hermann für die engagierte und leidenschaftliche Mitwirkung bei der inhaltlichen Konzeption, der Manuskriptentwicklung und -durchsicht. Für zahlreiche der in diesem Buch enthaltenen Konzepte und Ideen danke ich meinem Freund und „Meister" Gerhard Wohland. Dem Redline-Verlag für die gute Zusammenarbeit.

Übrigens: Gemeinsam mit Silke Hermann habe ich ein „Geschwisterchen" zu diesem Buch geschrieben: „Komplexithoden" wurde mit bislang 27.000 verkauften Exemplaren ebenfalls zu einem Bestseller.

Das Geschwisterchen zu
Organisation für Komplexität – bei Redline

Zur Lösung komplexer Fragestellungen braucht es »Komplexithoden« – also Organisationswerkzeuge, die so lebendig sind wie heutige Märkte und heutige Arbeit. Dieses Buch stellt clevere, in unsere Zeit passende Vorgehensweisen für die Entwicklung von Unternehmen unter deren realen Bedingungen vor – jenseits von Gebrauchsanweisungen und Checklisten!

www.redforty2.com
www.komplexithoden.de

Komplexithoden:
Clevere Wege zur (Wieder)Belebung von Unternehmen
und Arbeit in Komplexität.
Niels Pfläging I Silke Hermann.
Redline 2015.
Hardcover/eBook.

Das Follow-up zum Bestseller „Organisation für Komplexität".
Mehr als 27.000 verkaufte Exemplare!

Andere Bücher von Niels Pfläging

Niels Pfläging
Kaputtoptimieren und totverbessern. Story.one 2022
ISBN 978-3710805783

Silke Hermann I Niels Pfläging
OpenSpace Beta
Vahlen Verlag. 2019
ISBN 978-3800660544

Niels Pfläging I Silke Hermann
Zellstrukturdesign
Vahlen Verlag. 2020
ISBN 978-3800662418

Ernst Weichselbaum I Niels Pfläging
In jedem Unternehmen steckt ein besseres. Vahlen Verlag. 2020
ISBN 978-3800663583

Niels Pfläging
Führen mit flexiblen Zielen
Campus Verlag. 2011
ISBN 978-3593388236

Niels Pfläging
Die 12 neuen Gesetze der Führung
Campus Verlag. 2009
ISBN 978-3593389981

Keynotes und Impulssessions für Ihre Veranstaltung •
Workshops für Unternehmen • Führungs-Workshops
für Managementteams • Themendiskurse zu Change
und Transformation • Qualifizierungen rund um
Time-Boxed Change, OpenSpace Beta, Relative Ziele
und Zellstrukturdesign • Get Unstuck Mikro-Advisory •
Vorbereitung auf Transformationsinitiativen •
Transformationskonzeption und -begleitung

www.redforty2.com

D - 65185 Wiesbaden   Email: kontakt@redforty2.com

IT'S
ABOUT
TIME

TRANSFORMING
ORGANIZATIONS
FOR GOOD. FAST.

Version 6.0